プロも使える
作っておける料理のもと

和・洋・中の料理人が作る、
簡単で便利な作りおき

107
+
活用料理
131 品

飲食店においては、食材をいかにむだにせず使い切るかが重要です。特に傷みやすい野菜や肉、魚介類などの生ものは、そのまま保存するには限界があり、保存性を高めるための仕事が必要になります。ものによっては、作りおくことによって味が深まり、料理のおいしさのアップにつながるものも。また、提供時の調理の単純化、作業時間の短縮化が可能になるなど、人手不足に悩む店にとっても心強い味方です。そこで本書では、和・洋・中の5人のシェフたちに、お店でも使える簡単で便利な「作りおき」を、その活用料理とともに教えていただきました。役立つ自家製調味料や、そのまま提供できる常備菜も合わせてご紹介しています。食材も時間もむだにしないプロの知恵を、どうぞお役立てください。

目次

フレンチ・イタリアン

野菜・きのこ・豆で作る

- プチトマトのマリネ [有馬] 10
- トマトのマリネ [古屋] 11
- ドライトマトのマリネ [古屋] 12
- なすのマリネ [有馬] 13
- 焼きなすのコンソメ煮 [古屋] 14
- キャビア・ド・オーベルジーヌ [古屋] 15
- 焼きパプリカのマリネ [古屋] 16
- 野菜のピクルス [有馬] 17
- シュークルート [古屋] 18
- カレー風味のカリフラワー [古屋] 20
- かぼちゃのローズマリーマリネ [古屋] 21
- 赤キャベツのマリネ [古屋] 22
- 赤玉ねぎ、ケッパー、コルニッションのマリネ [古屋] 24
- キャロットラペ [古屋] 26
- 根セロリのラペ [古屋] 27
- ビーツのマリネ [古屋] 28
- ビーツのマリネ [有馬] 29
- 長ねぎのグリルマリネ [古屋] 30
- ごぼうのシェリービネガーマリネ [古屋] 31
- じゃがいものクリーム煮 [古屋] 32
- 里いものコンフィ [古屋] 34
- 竹の子のブロード煮 [有馬] 35
- 玉ねぎのコンフィ [古屋] 36
- グレッグ [古屋] 38
- タブレ [古屋] 39
- 万願寺唐辛子のオイル煮 [有馬] 40
- ししとうのペペロナータ [有馬] 40
- 白菜と玉ねぎの煮込み [古屋] 42
- ラタトゥユ [古屋] 43
- ズッキーニのカポナータ [有馬] 44
- 塩きのこ [有馬] 46
- きのことベーコンのマリネ [古屋] 47

豆のトマト煮込み [古屋] 48

豆の煮込み [有馬] 48

レンズ豆（ランティーユ）のサラダ [古屋] 50

白いんげん豆のピューレ [有馬] 51

肉・チーズで作る

蒸し鶏 [古屋] 52

鶏手羽元のコンフィ [有馬] 53

鶏砂肝のコンフィ [古屋] 54

豚肉の味噌漬け [有馬] 55

肉じゃが [有馬] 56

蒸し鶏のドレッシング和え [有馬] 58

鶏ときのこの煮込み [有馬] 59

ミートソース（トマト入り）[有馬] 60

サルシッチャ [有馬] 62

牛肉の時雨煮 [有馬] 63

鶏肉の時雨煮のテリーヌ [有馬] 64

65 リエット [古屋]

66 パルミジャーノの胡麻油漬け [有馬]

魚介で作る

67 まぐろのマリネ [古屋]

68 さんまの甘辛煮 [有馬]

69 魚のエスカベッシュ [古屋]

70 ほっけのマンテカート [有馬]

72 たこの燻製のマリネ [古屋]

73 いかのマリネ [古屋]

調味料

74 塩昆布とドライトマト [有馬]

75 干しえびとちりめんじゃこ [有馬]

76 香草パン粉 [有馬]

和食

野菜・きのこ・植物性食品で作る

- 蒸し大根 [関口] 78
- ローストトマト [関口] 80
- 焼きパプリカ [関口] 82
- なすのオランダ煮 [吉岡] 84
- しもつかれ [関口] 85
- 浅漬け [吉岡] 86
- たたききゅうり 昆布風味 [吉岡] 88
- ししとうじゃこ煮 [吉岡] 88
- 炊いた干し椎茸(香信) [関口] 89
- 焼いた原木椎茸 [関口] 90
- 刻みなめこ [関口] 92
- 水切り豆腐 [関口] 94
- 凍らせ豆腐 [関口] 96
- 炊いたかんぴょう [関口] 97
- 焼いた昆布 [関口] 98
- 海苔の佃煮 [吉岡] 99
- 蒸し蕎麦の実 [関口] 100

魚介で作る

- 102 鮭フレーク [吉岡]
- 103 いわし梅煮 [吉岡]
- 104 鯛のアラのほぐし身 [関口]
- 106 するめいか(胴とワタ) [関口]
- 108 するめいか(ゲソとエンペラ)のソース漬け [関口]
- 109 いかの昆布締め [吉岡]
- 110 いかの時雨煮 [吉岡]

肉・卵で作る

- 112 牛もも肉の治部煮 [吉岡]
- 113 鶏胸肉の甲州煮 [吉岡]
- 114 鶏挽き肉の時雨煮 [関口]
- 116 錦紙玉子 [関口]

調味料

- 118 煮切り醤油 [関口]
- 120 甘酢 [関口]

合わせ酢 [関口] 120
生姜酢 [吉岡] 121
梅だれ [吉岡] 122
納豆だれ [吉岡] 123

124 焼きだれ（魚用）[吉岡]
126 焼きだれ（肉用）[吉岡]
128 八分ずりの胡麻 [関口]

中 華

魚介・肉で作る

ゆでえび（塩水蝦）[井桁] 130
ゆで鶏（白鶏）[井桁] 132
ゆで豚（白肉）[井桁] 134
スペアリブの香料煮（滷排骨）[井桁] 136
肉味噌（炸醤）[井桁] 138

野菜で作る

たたききゅうりの
四川香り漬け [井桁] 140
大根の醤油漬け
漢方みかんの香り [井桁] 141

調味料

142 ねぎソース（葱油）[井桁]
144 ねぎ山椒ソース（椒麻）[井桁]
146 干しえび入り豆板醤
　　（金釣豆板醤）[井桁]
148 豆豉唐辛子（豆豉辣椒）[井桁]
150 胡麻ペースト（芝麻醤）[井桁]

152 補足レシピ

撮　影　海老原俊之
デザイン　山本 陽、菅井佳奈（エムティクリエイティブ）
編　集　長澤麻美

本書をお使いになる前に

・各「料理のもと」名の横に、その使い方の例（●）と、保存期間（●）を記しています。
　保存期間はそのお店の保存状態による期間ですので、目安としてください。
・本書中の大さじ1は15ml、小さじ1は5mlです。
・E.V.オリーブ油は、エクストラ・バージン・オリーブ油のことです。
・バターは、特に有塩と表記されていない場合、無塩バターを使用しています。
・醤油は、特に表記のない場合、濃口醤油を使用しています。
・ゴマ油は、特に表記のない場合、焙煎して搾った通常のゴマ油を指します。
　太白ゴマ油を使用する場合は、そのように表記しています。
・だし汁（かつおと昆布）、ブイヨン、ブロードなどは、いつもお使いのものを使用してください。

フレンチ・イタリアン

古屋壮一(ルカンケ)
有馬邦明(パッソ ア パッソ)

野菜・きのこ・豆で作る

プチトマトのマリネ

● 漬け物のようにそのまま食べても、冷たいスープに浮かべても。あるいはつぶしたものをソースとして使ったり、パンにのせてつぶし、オリーブ油をかけてブルスケッタにするなど。● 冷蔵庫で2週間程度。

有馬邦明

おいしいトマトがたくさん出てくる時季に作りたい。プチトマトは、ピクルス液に漬けても実がしっかりと保たれる。

材料（作りやすい量）
プチトマト（いろいろ取り混ぜて）
　…20個
ピクルス液
　┌ 白ワインビネガー…100ml
　│ 水…200ml
　│ 生唐辛子（なければ乾燥でもよい）
　│ 　…1本
　└ 塩…3g（液体量の1％）

1　ピクルス液の材料を合わせて沸かし、冷ましておく。
2　プチトマトに針で穴を2、3ヵ所開けて、1に漬ける。最低でも4～5日は漬けるとよい。

＊ピクルス液を少しずつ吸わせるイメージで、時間の経過による味の変化も楽しめる。早めに食べたいときは、塩をもう少ししっかりきかせる。
＊乾燥赤唐辛子を使用する場合は、大きめにちぎる。
＊好みでピクルス液の材料に、砂糖（大さじ1程度）やタイムなどの香草を加えてもよい。

モッツァレッラ・チーズと合わせて、おつまみに。

トマトのマリネ

● エビ、ホタテ、タコ、イカなど魚介全般に合う。モッツァレッラ・チーズと合わせても。

● 冷蔵庫で1週間以上。

トマトのフレッシュ感を残したマリネ。

材料(作りやすい量)
プチトマト…適量
トマトソース
- 玉ネギ(みじん切り)…1/2個分
- トマトホール(水煮缶詰)…1/2缶(200g)
- ローリエ…1/2枚
- タイム(フレッシュ。葉)…4枚
- ニンニク(たたく)…2粒
- オリーブ油…大さじ3

1 プチトマトはヘタを取り、皮を湯むきする。保存容器に入れておく。

2 トマトソースを作る。フライパンにオリーブ油大さじ1と玉ネギを入れてじっくり炒める(スュエ)。

3 2にトマトホールを入れ、ローリエを加えて煮る。

4 途中で、別のフライパンにオリーブ油大さじ2とニンニクを入れて火にかけ、色づくまで熱して香りを出し、オイルごと3に加える。

5 2/3量ほどに煮詰まったら、フレッシュタイムの葉を加える。熱いうちに、1のプチトマトの上からかける。そのまま1日おいて冷ました後、使用できる。

◎ トマトのマリネと小えびのサラダ

材料
トマトのマリネ(上記参照)…適量
小エビ(殻付き)…適量
塩…適量

1 エビは背ワタを取り、殻付きのまま塩ゆでしてザルに上げて冷まし、殻をむく。

2 1のエビとトマトのマリネを盛り合わせる。

古屋壮一

ドライトマトのマリネ

● チーズやパンと合わせておつまみに。パスタやピザに。蒸した魚などに調味料的な使い方もできる。● 冷蔵庫で1ヵ月以上。

トマトの旨みと酸味が凝縮され、調味料のように使える。

材料(作りやすい量)
トマト…2個
オリーブ油…100ml
ニンニク…1粒

1 トマトは皮を湯むきして種を取り、8等分のくし形切りにする。網にのせて乾燥させる(温かい場所におくか、100℃ほどのオーブンに2時間ほど入れておく)。
2 フライパンにオリーブ油と、半分に切ってたたいたニンニクを入れて弱火にかける。低温で火を入れて香りを出し、冷ましておく。
3 1と2を合わせて保存容器に入れ、漬けておく。2～3日後から使用する。

◎ ドライトマトとモッツァレッラ

ドライトマトのマリネ(上記参照)
　　…適量
モッツァレッラ・チーズ(一口大のもの)
　　…適量
バジル(適宜に切った葉)…適量
塩、コショウ、E.V.オリーブ油
　　…各少量

モッツァレッラ・チーズに塩、コショウをし、オリーブ油をたらす。バジルの葉とドライトマトのマリネをのせて爪楊枝で刺してとめる。

古屋壮一

なすのマリネ

● そのまま食べる他、さまざまな料理にも使える。
● マリネ液に漬けた状態で、冷蔵庫で1〜2週間。

皮が固く、火を通すと小さくなってしまうナスの実の部分をたっぷり楽しむなら、マリネが最適。

材料
ナス（実のしっかりしたもの）… 適量
太白ゴマ油… 適量
塩… 適量
マリネ液
├ 白ワインビネガー… 適量
├ 水… 適量
├ 砂糖… 適量
├ ドライフルーツ（好みで）… 適量
├ ニンニク（薄切り）… 適量
└ 赤唐辛子… 適量

1　マリネ液を作る。白ワインビネガーを水で割って鍋に入れ、砂糖、（好みでドライフルーツ）、ニンニク、赤唐辛子を加えて沸かす（酸味を強めに作ったほうがおいしい）。
2　ナスはヘタを除いて縦半分に切る。
3　フライパンに多めの太白ゴマ油をひいて火にかけ、2のナスを入れて、キツネ色になるまで焼いたら、皮を下にして並べ、オーブンに入れて油を落としながらゆっくりと焼く。
4　3のナスが熱いうちに皮をむいて塩をふり、保存容器に入れて1のマリネ液を注ぐ。

＊ナスは油と相性がいいが、油っぽくなりすぎるともたれるので、余分な油は落としておくとよい。

◎ なすのマリネの胡麻和え

材料
なすのマリネ（上記参照）… 適量
ゴマ油… 適量
煎りゴマ… 適量
イタリアンパセリ（粗みじん切り）… 適量
パルミジャーノ・レッジャーノ・チーズ… 適量

なすのマリネは食べやすい大きさのくし形に切り、ゴマ油と煎りゴマを加えて和え、器に盛る。イタリアンパセリを散らし、パルミジャーノ・チーズを削りかける。

＊甘酸っぱさに、煎りゴマの香ばしさを加える。もう少し酸味がほしければ、ワインビネガーを足すとよい。

有馬邦明

焼きなすのコンソメ煮

● 魚介によく合う。白子、ウニなどにも。● 冷蔵庫で1週間。

焼きなすによく合う、エストラゴンの風味がポイント。

材料(作りやすい量)
ナス…2本
コンソメ…200ml
エストラゴン(酢漬けの葉)
　…5～6枚
板ゼラチン…1枚(4g)

1　鍋にコンソメとみじん切りにしたエストラゴンの葉を入れて火にかけ、沸かす。
2　1を火からおろし、戻したゼラチンを入れて溶かす。
3　ナスは網にのせて、直火で皮目が黒くなるまで焼き、皮をむく。
4　3を2に入れて、常温で冷ます。冷めたら冷蔵庫に入れる。

◎ 焼きなすのコンソメ煮と
　ホタテのタルタル

材料(1人分)
焼きなすのコンソメ煮(上記参照)… 一口大に切ったもの3個
ホタテ貝柱…1個
塩、黒コショウ、E.V.オリーブ油
　… 各少量
マイクロ青ジソ… 少量

1　一口大に切った焼きなすのコンソメ煮を器に盛り、コンソメ煮のゼリーをかける。
2　ホタテ貝柱は1cm角に切り、塩、黒コショウ、オリーブ油で和えて、1の上にのせる。マイクロ青ジソをのせる。

古屋壮一

キャビア・ド・オーベルジーヌ

● アンチョビがきいているので、ソテーした魚に合わせてもよい。オリーブ油で少しのばして添えてもよい。冷たいままパンに塗っても。

● 冷蔵庫で1週間。

古屋壮一

キャビアに見立て、
ナスで作る。
アンチョビがナスによく合う。

材料(作りやすい量)
ナス…3本
ニンニク(みじん切り)…小さじ1
エシャロット(みじん切り)
　…小さじ1
アンチョビ(みじん切り)
　…小さじ1/2
塩…適量
揚げ油(サラダ油)…適量
オリーブ油…適量

1　ナスはヘタを切り落として縦半分に切り、切り口に塩をする。出てきた水気をふき取る。
2　150℃に熱した油で1を素揚げし、網に取り出す。スプーンで実を取り出しておく。
3　鍋にオリーブ油をひき、ニンニク、エシャロット、アンチョビを入れて火にかけ、香りを出す。2のナスの実を加えて炒め、塩で味を調える。

◎ 仔羊のロースト
　キャビア・ド・オーベルジーヌ添え

材料(1人分)
仔羊背肉(塊。骨2本分)…1ブロック
塩、コショウ、オリーブ油…各適量
キャビア・ド・オーベルジーヌ(上記参照)
　…適量
ダークオパール…少量

1　仔羊の背肉に塩、コショウをし、オリーブ油をひいたフライパンで皮目をカリッと焼いた後、240℃のオーブンでローストする。やすませておく。
2　1を器に盛り、温めたキャビア・ド・オーベルジーヌを添えて、ダークオパールをのせる。

焼きパプリカのマリネ

● サラダに添えたり、タコやイカ、カツオのたたきなどの魚介と合わせてもよい。● 冷蔵庫で4～5日。

パプリカは黒くなるまで焼き、甘みを引き出す。

材料（作りやすい量）
パプリカ（赤・黄）… 各1個
タイム … 1枝
ニンニク（半割りにする）… 1粒分
オリーブ油 … 200ml

1 鍋にオリーブ油とタイム、ニンニクを入れてひと沸かしし、冷ましておく。
2 パプリカは直火のグリルで、皮が黒くなるまで焼く。
3 2の皮をむき、縦に1.5cm幅程度に切る。保存容器に入れて1を注ぎ、マリネする。1日以上おいてから使いはじめる。

◎ パプリカとツナのサラダ

材料
焼きパプリカのマリネ（上記参照）… 適量
ツナ（油漬け缶詰）… 適量

焼きパプリカのマリネとツナを軽く和えて、器に盛る。

古屋壮一

野菜のピクルス

- これだけでおつまみとして食べても、料理に添えてもよい。
- 冷蔵庫で2週間程度。

野菜はその季節のものを。
硬めのものであれば
作りやすい。

材料
- A ┌ ニンジン、パプリカ(赤・黄)、大根、青唐辛子、ドライイチジク…各適量
- ニンニク(薄切り)…少量
- オリーブ油…適量
- ピクルス液(作りやすい量)
  - 白ワインビネガー…100ml
  - 水…150〜200ml
  - コリアンダーシード…大さじ1
  - 生唐辛子…1本

1　野菜は必要なものは皮をむき、厚みを揃えて適当な大きさに切る。
2　鍋にオリーブ油をひいて火にかけ、Aの野菜とニンニクを入れて、温める(野菜に汗をかかせるようなイメージで)。
3　野菜が温まったらワインビネガーを入れ、水を少しずつ加えながら野菜を蒸し焼きにする。コリアンダーシードと生唐辛子も加え、弱火で少し煮る。

＊砂糖を使うと甘みが立ちすぎるが、ドライフルーツだと自然な甘みが加わる。ドライイチジクに限らず、ドライのレーズンやリンゴなどでもよい。また、フレッシュなら柑橘の皮などを加えてもよい。

◎ 平目と野菜のピクルス

ハーブオイルでマリネしておいた平目を角切りにし、塩を少量加えて和え、野菜のピクルス(上記参照)と合わせて盛り付ける。ルコラを添え、つぶした黒粒コショウをふる。

有馬邦明

シュークルート

- 肉料理全般の付け合わせに。
- 冷蔵庫で1週間以上。

市販のシュークルート（ザワークラウト）だけだと少し味がきつい。日本のキャベツの甘みと旨みを加えることで、おいしく、たくさん食べられるシュークルートになる。

材料（作りやすい量）
キャベツ…1/4個
玉ネギ（薄切り）…1個分
ラード…大さじ2
ニンニク（みじん切り）…大さじ1/2
ザワークラウト（市販）…100g
白ワイン…100ml
豚のフォン（だし）…200ml
ジュニエーブル…2粒
塩…適量

1　キャベツはせん切りにし、塩もみして半日おいておく。
2　鍋にラードとニンニクを入れて火にかけ、香りを出す。玉ネギを入れ、色がつかないようにじっくり炒める（スュエ）。
3　1のキャベツの水気を絞り、市販のザワークラウトと合わせて、2に入れる。白ワイン、豚のフォン、ジュニエーブル、塩を適量加えて10分ほど煮る。

＊「シュークルート」（ドイツではザワークラウト）は、このキャベツ自体のことも、これを使った料理のこともいう。

◎ シュークルート

材料（1人分）
シュークルート（上記参照）…適量
塩豚（プチサレ）…1切れ
ソーセージ…1切れ
ベーコン（厚切り）…1切れ
ニンジン、ジャガイモ（それぞれ皮をむいて塩ゆでし、大きめに切ったもの）…各1個
パセリ（みじん切り）…少量

1　塩豚とベーコンはグリルし、ソーセージはローストする。
2　シュークルートを温めて器に入れ、1とニンジン、ジャガイモを添え、パセリをふる。

古屋壮一

カレー風味のカリフラワー

● 肉と相性がいい。羊にも合う。白ワインの酸味があるので、パテやハムに添えても。グレッグ(38頁参照)のように使える。● 冷蔵庫で1週間。

カリフラワーと
カレー味は相性がよい。

材料(作りやすい量)
カリフラワー(小房に分ける)
　…1/2株分
オリーブ油…大さじ2
A ┌ ニンニク…1/2粒
　├ ガラムマサラ…小さじ1/2
　├ カレー粉…小さじ1/2
　└ コリアンダーシード…10粒
白ワイン…50ml
塩…適量

1 鍋にオリーブ油とAを入れて火にかけ、香りを出す。
2 1にカリフラワーを入れて炒める。香りが出たら、白ワインを加え、蓋をして蒸し煮する。
3 カリフラワーに火が入ったら、塩で味を調え、火からおろして常温で冷ます。

◎ ほろほろ鳥のロースト
　カレー風味のカリフラワー添え

材料(1枚分)
ホロホロ鳥モモ肉
　(なければ鶏肉や鴨肉でもよい)…1枚
オリーブ油、塩、コショウ…各適量
カレー風味のカリフラワー(上記参照)
　…適量
ハーブ(好みのもの)…少量

1 ホロホロ鳥のモモ肉は、塩、コショウをし、オリーブ油をひいたフライパンで皮目をカリッと焼いた後、240℃のオーブンでローストする。やすませておく。
2 1を食べやすい大きさに切って器に盛り、カレー風味のカリフラワーを散らし、カリフラワーの煮汁をソース代わりにまわしかけ、ハーブを散らす。

古屋壮一

かぼちゃのローズマリーマリネ

- 肉料理全般の付け合わせとして使える。冷たいままでも、温めてもよい。サラダにも。
- 冷蔵庫で1週間以上。

カボチャの甘みとビネガーの酸味がおいしいマリネ。ローズマリーの香りがきいている。

材料（作りやすい量）
カボチャ…1/2個
揚げ油（サラダ油）…適量
オリーブ油…大さじ3
ニンニク（たたく）…2粒
赤唐辛子…1/3本
ローズマリー（みじん切り）
　　…1/2パック分
白ワインビネガー…大さじ4

1　カボチャは一口大に切り、熱した油で素揚げし、油を切る。
2　フライパンにオリーブ油とニンニクを入れて火にかける。香りが出たら赤唐辛子、ローズマリーを入れる。香りが出たら白ワインビネガーを加える。
3　2に1のカボチャを入れてからめる。

◎ 鶏の炭火焼きとかぼちゃのマリネ

材料（2人分）
鶏モモ肉…1/2枚
塩、コショウ…各適量
オリーブ油…少量
かぼちゃのローズマリーマリネ
　（上記参照）…10個
パセリ（みじん切り）…少量

1　鶏肉は塩、コショウをし、網にのせて炭火で焼く。こんがりと両面を焼いたら、一口大に切る。
2　フライパンにオリーブ油を少量ひき、1の鶏肉を入れて転がしながら焼く。
3　かぼちゃのローズマリーマリネをボウルに入れ、2を油ごと入れて和える。器に盛り、パセリと塩をふる。

古屋壮一

赤キャベツのマリネ

● 温めて肉料理の付け合わせに。肉は豚、牛、鴨など何にでも合う。また、冷たいままパテなど冷製の肉料理に合わせてもよい。● 冷蔵庫で1週間。

古屋壮一

ビネガーを入れると、きれいな赤色になる。

材料（作りやすい量）
赤キャベツ（葉）… 大6枚
ニンニク… 1粒
ローリエ… 1枚
タイム… 1本
ジュニエーヴル… 3粒
オリーブ油… 大さじ2
赤ワインビネガー… 大さじ2

1　赤キャベツの葉は縦半分に切る。ニンニクは半分に切って、包丁の腹などでたたく。
2　鍋にオリーブ油と1のニンニク、ローリエ、タイム、ジュニエーヴルを入れて火にかけ、香りを出す。
3　2に赤ワインビネガーを加え、アルコール分を飛ばす。
4　3に1の赤キャベツを入れて蓋をし、しんなりするまで蒸し焼きにする。火が通ったら火からおろし、常温で冷ます。冷めたら冷蔵庫で保存する。

◎ 豚肉のグリル
　赤キャベツのマリネ添え

材料
豚肩ロース肉（塊）… 適量
塩、コショウ… 各適量
赤キャベツのマリネ（上記参照）… 適量

1　豚肉は塩、コショウをし、グリルする。
2　1を器に盛り、軽く鍋で温めた赤キャベツのマリネを添える。

赤玉ねぎ、ケッパー、コルニッションのマリネ

● ゆでて刻んだ豚耳と合わせたり、スモークした鶏と合わせたりなど。● 冷蔵庫で4〜5日。

シャルキュトリー（ハム、ソーセージなど）と相性がよいマリネ。

材料(4人分)
赤玉ネギ…1個
コルニッション…3個
ケッパー…大さじ1
粒マスタード…小さじ1
ヴィネグレットソース(p.152参照)
　…適量

1　赤玉ネギは薄切りにし、辛みが抜けるまで水に浸けておく。
2　コルニッションは細切りにする。
3　1の水気を切り、他のすべての材料を加えて和える。半日ほどおいてから使用する。

◎ 牛たんと赤玉ねぎのマリネ

材料(作りやすい量)
牛タン…1本
塩、コショウ、黒コショウ…各適量
A ┌ 玉ネギ(大きめに切る)…1個分
　├ ニンジン(大きめに切る)…1/2本分
　├ セロリ(大きめに切る)…1本分
　├ ニンニク…3粒
　├ タイム…2枝
　└ ローリエ…1枚
赤玉ねぎ、ケッパー、コルニッション
　のマリネ(上記参照)…適量
パセリ(みじん切り)…少量

1　牛タンは塩、コショウをして冷蔵庫に1日おく。
2　鍋に1とA、ひたひたの水を入れて火にかけ、3時間ほど煮る。煮汁に浸けたまま冷ましておく。
3　2の牛タンを薄切りにし、塩、黒コショウをふる。
4　赤玉ねぎ、ケッパー、コルニッションのマリネを器に敷き、3をのせ、パセリをふる。

*ゆで牛タンも作りおきできる(煮汁に浸けた状態で冷蔵庫で1週間ほど)。

古屋壮一

キャロットラペ

そのまま食べたり、パテやガランティーヌなど冷製の肉料理の付け合わせに。サラダ・ニソワーズに添えても。●冷蔵庫で3〜4日。

細切りニンジンのサラダ。ベーコンやナッツを入れて作ってもおいしい。

材料（作りやすい量）
ニンジン…1本
塩…小さじ1
ヴィネグレットソース（p.152参照）
　…大さじ1〜2

1　ニンジンは皮をむき、チーズおろし器やスライサーなどを使ってせん切りにする。
2　1に塩を加えてもみ、水気を絞る。
3　2にヴィネグレットソースを加えて和える。

◎ キャロットラペと鶏のコンフィのサラダ

材料
キャロットラペ（上記参照）…適量
オレンジの皮（表皮をすりおろしたもの）…少量
鶏モモ肉…1枚
マリネ塩（p.54参照）…適量
グレス・ドワ（ガチョウの脂。市販品あり）…適量
A ┬ マーシュ、デトロイト・ダークレッド（葉）
　│　　…各適量
　└ パセリ（みじん切り）…少量

1　鶏肉に、その重量の1.5%のマリネ塩をまぶしつけて、一晩マリネする。
2　1の鶏肉を水洗いし、鍋に入れて、ひたひたのグレス・ドワを加えて火にかける。70℃ほどの温度で3時間半ほど火を入れて、コンフィにする。
3　2を熱したフライパンに入れて皮目をパリッと焼き、一口大に切る。
4　キャロットラペに、すりおろしたオレンジの皮を加えて混ぜ、器に盛る。上に3の鶏肉を盛り、Aの野菜をのせ、パセリをふる。

古屋壮一

根セロリのラペ

● カニやホタテなど、魚介全般に合わせられる。フランスではよく白身魚の燻製や、鯖の蒸し焼きなどに合わせる。● 冷蔵庫で3〜4日。

細切り根セロリのサラダ。
フランスの定番のお惣菜。

材料（作りやすい量）
根セロリ…100g
マヨネーズ（作りやすい量）
A ┬ 卵黄…2個
　├ マスタード…大さじ1
　├ 白ワインビネガー…大さじ1
　└ 塩、コショウ…各適量
　└ サラダ油…500ml
カイエンヌペッパー、塩
　…各適量

1　根セロリは皮をむき、チーズおろし器やスライサーなどを使ってせん切りにする。
2　鍋に水を入れて塩を加えて沸かす。1を入れてさっとゆで、氷水にとる。
3　ボウルにAを入れてよく混ぜ合わせた後、サラダ油を少しずつ加えながら泡立て器で混ぜ合わせ、マヨネーズを作る。
4　2の水気をよく絞り、3を大さじ4加えて和え、カイエンヌペッパーと塩で味を調える。

◎ 根セロリとかにのサラダ

材料
根セロリのラペ（上記参照）…適量
リンゴ（せん切り）…適量
カニ肉…適量

根セロリのラペに、リンゴとカニ肉を適量混ぜ合わせて器に盛り、上にほぐしたカニ肉とリンゴを少量のせる。

古屋壮一

ビーツのマリネ

● サラダに。魚の燻製に添える。温めて肉の付け合わせになど。 ● 冷蔵庫で4〜5日。

オーブンでじっくり火を入れると、ビーツが甘くなる。

材料
ビーツ… 適量
ヴィネグレットソース（p.152参照）… 適量

1　ビーツは丸のままアルミホイルを巻いて、150℃のオーブンで火を入れる（使うビーツにより差があるが、1時間ほど）。
2　1の皮をむき、一口大に切る。
3　ヴィネグレットソースで和える。

◎ ビーツのマリネとブルーチーズのグリル

材料
ビーツのマリネ（上記参照）… 適量
バゲット（薄切り）… 適量
フルムダンベール・チーズ… 適量
ワサビ菜… 適量
ヴィネグレットソース（p.152参照）… 適量
パセリ（みじん切り）… 少量

1　バゲットにフルムダンベール・チーズをのせて、オーブントースターなどで軽く焼く。
2　皿にビーツのマリネ、ヴィネグレットソースで和えたワサビ菜を敷き、1を盛り、パセリをふる。

古屋壮一

ビーツのマリネ

● そのまま食べる他、マリネ液に他の素材を漬ける使い方も。
● 冷蔵庫で1ヵ月。

酸味がおいしいマリネ。アンティパストやおつまみにぴったり。ビーツの赤い色に染まったマリネ液も、梅酢のように使える。漬けた白い素材がきれいなピンク色に染まる。

材料
ビーツ…適量
玉ネギ（ざく切り）…適量
マリネ液（作りやすい量）
- 水…500ml
- ワインビネガー（白でも赤でもよい）…300ml
- 塩…5.6g（液体の総量の0.7%）
- ドライトマト…3個
- コリアンダーシード…大さじ2
- 赤唐辛子…1本
- 粒コショウ…大さじ1/2
- タイム…2〜3本
- ローリエ…2枚
- ニンニク（薄切り）…2枚
- 生姜（薄切り）…1枚

＊甘みがほしければ、マリネ液にドライフルーツや砂糖を加えてもよい。

1　ビーツは皮付きのまま縦半分に切る（大きければローストしてもよい）。
2　鍋にマリネ液の材料を合わせて沸かす。塩がなじんだら1のビーツを入れて、ゆっくりと加熱する。途中で玉ネギを加える。
3　ビーツに串を刺してみて、軽く入るくらいになれば火を止め、余熱で火を入れる。漬けてから3〜4日後から使える。

＊マリネした後の液体にゆでたイカ、エビ、タコ、平貝や、山イモ、大根などの白い素材を漬けると、きれいなピンク色に染まる。

◎ ビーツとたこ、大根のサラダ（作り方p.152）

ゆでダコと、ピーラーで薄切りにした大根をマリネ液に漬け、ビーツとともに盛り合わせる。

有馬邦明

長ねぎのグリルマリネ

● 冷たいままでも温めても使える。冷たいままならエシャロットのアッシェとドレッシングをかけてそのまま食べてもおいしい。生ハムや魚介を添えても。● 冷蔵庫で1週間以上。

古屋壮一

一番外側の皮をむかずにグリルしたものをマリネすることにより、香ばしさがじっくり中に入っていく。それを狙ったマリネ。ネギの甘みも出ている。使用するときに外側の皮はむく。

材料（作りやすい量）
長ネギ…3本
オリーブ油…200ml
タイム…1枝
ローリエ…1枚

1　オリーブ油、タイム、ローリエを鍋に合わせて火にかける。沸かさないように熱して香りをつけたら、そのまま冷ましておく。
2　長ネギを保存容器に入る長さに切り、グリルパンで焦げ目がつくまで焼く（焦がすぐらいにグリルするのがポイント）。
3　2を保存容器に入れ、1を加えて漬けておく。1日漬けてから使用する。

◎ 長ねぎのグリルマリネと鴨のロースト

材料（作りやすい量）
鴨胸肉…1枚
塩、コショウ…各適量
長ねぎのグリルマリネ（上記参照）…適量
シブレット（3cm長さに切る）…少量

1　鴨肉は塩、コショウをし、ローストする。やすませておく。
2　1を細長い薄切り（エギュイエット）にし、温めて外側の皮をむいた長ねぎのマリネとともに器に盛り、シブレットを散らす。

ごぼうのシェリービネガーマリネ

● そのまま食べても。肉料理の付け合わせにしても。パスタにも。
● 冷蔵庫で1週間以上。

きんぴらごぼうに似た、親しみやすい味。

材料(作りやすい量)
ゴボウ…1本
サラダ油…大さじ2
ニンニク(みじん切り)…小さじ1
エシャロット(みじん切り)
　…小さじ1
グラニュー糖…大さじ1
シェリービネガー…大さじ1½

1　ゴボウは極細切りにする。水に20分以上浸けておく。
2　鍋にサラダ油、ニンニク、エシャロットを入れて火にかける。香りが出たら、水気を切った1のゴボウを入れ、グラニュー糖をふり入れて弱火でゆっくり炒める(スュエ)。水分がなくなってきたら、途中で水を少量加えてもよい。
3　20分ほど炒めてしんなりしたら、シェリービネガーを加えてなじませる。

◎穴子とごぼうのマリネ

材料
アナゴ(おろした身)…適量
ごぼうのシェリービネガーマリネ
　(上記参照)…適量
パセリ(みじん切り)…少量

1　アナゴは蒸して、表面をバーナーであぶる。食べやすい大きさに切る。
2　ごぼうのシェリービネガーマリネと1のアナゴを交互に重ねながら器に盛り、パセリをのせる。

古屋壮一

じゃがいものクリーム煮

● 肉の付け合わせに。丸めてパン粉づけし、コロッケにしてもよい。● 冷蔵庫で4〜5日。

ジャガイモを、生クリームと牛乳で煮た
だれもが好きな味。

材料(作りやすい量)
ジャガイモ(メークイン)…2個
ニンニク(薄切り)…1粒分
生クリーム…適量
牛乳…適量(生クリームの1/4量)
塩…適量

1　ジャガイモは皮をむき、薄切りにし、鍋に入れる。
2　生クリームと牛乳を4:1ほどの割合で合わせたものを、1にひたひたに注ぎ、ニンニク、塩を加える。
3　2の鍋に蓋をして、150℃のオーブンに入れ、15〜20分火を入れる。

◎じゃがいものクリームコロッケ

材料
じゃがいものクリーム煮(上記参照)
　…適量
小麦粉、卵、パン粉…各適量
揚げ油(サラダ油)…適量

1　じゃがいものクリーム煮をピンポン玉ほどの大きさに丸め、小麦粉、溶き卵、パン粉の順につける。
2　1を160℃ほどに熱した油で揚げる。中が温まり、表面がキツネ色になったら油を切る。

古屋壯一

◎ アッシェパルマンティエ

材料（6人分）
じゃがいものクリーム煮（p.32参照）
　…p.32の量
ニンニク（みじん切り）… 大さじ1
玉ネギ（みじん切り）… 1個分
合挽き肉… 300g
カレー粉、パプリカパウダー… 各少量
トマト・コンサントレ… 大さじ1
白ワイン… 300ml
トマトホール… 1缶（400g）
鶏のブイヨン… 200ml
オリーブ油… 適量

1　フライパンにオリーブ油とニンニクを入れて熱し、香りを出す。玉ネギを加えてじっくり炒める（スュエ）。
2　1に挽き肉を入れて炒める。カレー粉、パプリカパウダー、トマト・コンサントレを加えて炒め合わせ、白ワインを入れてアルコール分を飛ばす。
3　2に刻んだトマトホール、ブイヨンを加えて30分ほど煮込む。
4　3をココットに詰め、上にじゃがいものクリーム煮を敷き詰めて、240℃のオーブンに入れて焼き目がつくまで焼く。

里いものコンフィ

● フレーバーつきの塩を添えておつまみに。皮付きのまま揚げても、皮をむいてソテーしてもいい。肉料理などの付け合わせとしても使える。● 冷蔵庫で2週間。

里イモのねっとり感がおいしい。揚げると皮もカリッとして食べられる。皮に香りや味がついている。

材料(作りやすい量)
里イモ…100g
オリーブ油…300ml
タイム…1枝
ニンニク(たたく)…1粒
ローリエ…1枚

里イモは洗って皮付きのまま鍋に入れ、オリーブ油をひたひたに注ぎ、タイム、ニンニク、ローリエを入れて火にかける。沸かない程度の火加減で火を入れる(大きさにもよるが、30分程度)。

◎里いものコンフィと
　つぶ貝のガーリックソテー

材料(2人分)
ツブ貝(ゆでた身)…4個
里いものコンフィ(上記参照)…4個
ニンニク(みじん切り)…小さじ1/2
エシャロット(みじん切り)…小さじ1/2
パセリ(みじん切り)…少量
サラダ油、無塩バター…各適量

1 里いものコンフィの皮をむき、縦半分に切る。
2 1を、サラダ油をひいたフライパンに入れてソテーし、バターを入れ、ニンニクとエシャロットを加えて香りを出す。
3 2に半分に切ったツブ貝の身を入れて合わせ、パセリを加えてからめる。

古屋壯一

竹の子のブロード煮

・スライスしてソテーし、おつまみに。サラダやパスタなどの具材にも。 ●冷蔵庫で1週間

パンチェッタやニンニクを加えたブロードで煮て、下味をつけた竹の子。

材料（作りやすい量）
竹の子（小さめ）…7〜8本
パンチェッタ…80g
ニンニク（つぶす）…1粒
ドライトマト…2〜3個
ブロード…適量
米ぬか、赤唐辛子…各適量

1 竹の子は、米ぬかと赤唐辛子を入れた水でゆっくりゆでて、アク抜きをする。この後皮をむく。
2 圧力鍋に1の竹の子とパンチェッタ、ニンニク、ドライトマト、ひたひたのブロードを入れて10分ほど炊く。そのまま冷ます（この間にニンニクやパンチェッタ、ドライトマトの風味が竹の子に入る）。

◎ 竹の子のソテー

材料
竹の子のブロード煮（上記参照）…適量
オリーブ油…適量
コショウ、ナツメグ…各適量
ラルド（薄切り*）…適量
＊写真は熊のラルドを使用。

1 竹の子のブロード煮を縦半分に切り、オリーブ油をひいたフライパンに切り口を下にして入れ、弱火〜中火でゆっくり焼き色をつけていく。
2 切り口に焼き色がついたら裏返し、コショウをふり、ナツメグを削りかけ、焼き上げる。
3 器に盛り、薄切りのラルドをのせる。

＊強火で焼くと、焼き色は早くつくが、中まで温まらない。
＊ラルドがなければバターやチーズをのせてもよい。オリーブ油以外の脂分が加わると、味わいに奥行きが出る。

有馬邦明

玉ねぎのコンフィ

● オニオングラタンスープに。鶏モモ肉にのせ、パン粉をふって焼いてもいい。フォンドボーとマスタードを加えて肉料理のソースにしても。● 冷蔵庫で1週間以上。

古屋壮一

あめ色に炒めた玉ネギ。
いろいろなものに使えるので、
時間のあるときに
多めに作っておくとよい。
あせらずにじっくり炒めて
甘みを出すのがポイント。

材料（作りやすい量）
玉ネギ…3個
サラダ油… 大さじ3

1 玉ネギを薄切りにする。
2 鍋にサラダ油をひき、1を入れて弱火でじっくりあめ色になるまで炒める（2時間ほど）。

◎ カナッペ

材料
玉ねぎのコンフィ
　（上記参照）… 適量
バゲット（薄切り）… 適量
アンチョビ… 適量
緑オリーブ（薄い輪切り）… 適量
パセリ（みじん切り）… 少量

バゲットをトーストし、上に玉ねぎのコンフィを敷き、アンチョビ、オリーブ、パセリをのせる。

◎ オニオングラタンスープ

材料(作りやすい量)
玉ねぎのコンフィ(p.36参照)… 玉ネギ1個分
鶏のブイヨン … 500ml
塩 … 適量
バゲット(薄切り) … 適量
グリュイエール・チーズ、パルミジャーノ・
　レッジャーノ・チーズ … 各適量

1　玉ねぎのコンフィを鍋に入れ、ブイヨンを加えて熱し、塩で味を調える。
2　提供用の鍋や耐熱の器に1を入れ、バゲットをのせて、すりおろしたグリュイエール・チーズとパルミジャーノ・チーズをかけて、240℃のオーブンで、焼き目がつくまで焼く。

グレッグ

● ピクルスほど酸味が強くなく、野菜の味が生きているので、パテや蒸し鶏などやさしい味の料理に合う。もちろんこれだけで食べてもおいしい。● 冷蔵庫で4～5日。

古屋壮一

レモン果汁とハチミツで
やさしい味を加える。
ピクルスよりも
まろやかな酸味。

材料（作りやすい量）
カリフラワー…1/4株
キュウリ…1本
マッシュルーム…6個
ニンジン…1/2本
みょうが…4個
塩…10g
ハチミツ…大さじ1
レモン果汁…30ml

1　野菜はすべて一口大に切る。
2　鍋にキュウリ以外の材料をすべて入れて火にかけ、蓋をして蒸し煮する。1分ほど経ったらキュウリを加え、また1分ほど蒸し煮する。
3　常温で冷ましておく。冷めたら冷蔵庫で保存する。

◎ グレッグとさんまのマリネ

材料
サンマ…適量
グレッグ（上記参照）…適量
インゲン（ゆでたもの）…適量
塩…適量
レモンフレーバーオイル（市販）…適量
ヴィネグレットソース（p.152参照）…適量

1　サンマは三枚におろして一口大に切り、塩をして水気を軽く取る。レモンフレーバーオイルを加えて和える。
2　インゲンはヴィネグレットソースで和える。
3　器にグレッグと1のサンマ、2のインゲンを盛り合わせる。

タブレ

● 生魚全般に合う。冷たいものは、カニでもタコでもイカでも。ソテーしたエビをのせてサラダ仕立てにしても。温めて羊などの肉に添えてもいい。● 冷蔵庫で4〜5日。

クスクスを使ったサラダ。
火を入れずに
トマトジュースで戻すだけ。
簡単に作れる。

材料（作りやすい量）
クスクス…100g
トマトジュース（有塩）…110g
A ┌ キュウリ（5mm角切り）
　│　…1/3本分
　│ セロリ（5mm角切り）…1/3本分
　│ エシャロット（みじん切り）
　│　…大さじ1
　│ ニンジン（5mm角に切り、軽く下ゆ
　└　でしたもの）…大さじ1
ヴィネグレットソース（p.152参照）
　…適量
E.V.オリーブ油…大さじ1

1　クスクスを、トマトジュースに一晩浸けて戻す。
2　1にAをすべて入れ、ヴィネグレットソースで味を調える。E.V.オリーブ油を加える。

◎ タブレと鯵の瞬間マリネ

材料
タブレ（上記参照）…適量
アジ…適量
塩…適量
レモンフレーバーオイル（市販）…適量
プチトマト（くし形切り）…適量
パセリ（みじん切り）…適量

1　アジは三枚におろして皮をむき、一口大に切る。塩をして水気を軽く取り、レモンフレーバーオイルを加えて和える。
2　器にタブレを盛り、1のアジをのせ、トマトとパセリを散らす。

古屋壮一

万願寺唐辛子のオイル煮

有馬邦明

● オイルに漬けた状態で、冷蔵庫で1ヵ月。
● 刻んで用い、野菜の甘みや香りを加え、魚のタルタルや煮込み料理などに。

オイル煮は、かさばる野菜の保存方法のひとつ。

材料(作りやすい量)
万願寺唐辛子(赤)…300g
太白ゴマ油…適量
ゴマ油…適量

1 万願寺唐辛子は縦半分に切り、種を抜いてヘタを取る。
2 鍋に太白ゴマ油とゴマ油を入れて弱火にかけ、1の万願寺唐辛子を入れて蓋をしてゆっくり蒸し煮する。
3 万願寺唐辛子がやわらかくくたっとしてきたら、更に少し煮て中の水分を出し、泡立ちが少なくなり、オイルが澄んできたら火を止める。

＊野菜の保存方法には、①熱を加える。②中の水分を出す。③液体に漬ける。④塩を加える。⑤酸を加える。といった方法がある。
＊あまり火を入れすぎるとピューレ状になって使い勝手が悪くなるので注意する。

ししとうのペペロナータ

有馬邦明

● オイルに漬けた状態で、冷蔵庫で2週間。冷凍保存もできる。
● 煮込み料理に調味料的に使える。

シシトウを炊くとオリーブのような香りが出るので、刻んですりつぶしたオリーブを合わせた。

材料(作りやすい量)
シシトウ…300g
緑オリーブ(種抜き)…100g
ドライトマト(細切り)…適量
太白ゴマ油…適量

1 シシトウは縦半分に切り、種を抜いてヘタを取る。緑オリーブは、刻んですりつぶす。
2 鍋に太白ゴマ油を入れて弱火にかけ、1のシシトウとオリーブ、ドライトマトを入れて蓋をしてゆっくり蒸し煮する。
3 シシトウがやわらかくくたっとしてきたら、更に少し煮て中の水分を出し、泡立ちが少なくなり、オイルが澄んできたら火を止める。

◎ えびの万願寺唐辛子煮

材料(作りやすい量)
エビ…200g
日本酒…100ml
塩…2つまみ
エシャロット(みじん切り)…1個分
万願寺唐辛子のオイル煮(p.40参照)…50〜60g
イタリアンパセリ(みじん切り)…適量

1 エビは殻をむいて背ワタを取り、日本酒をふりかけ、塩とエシャロットを加えて和え、下味をつけておく。
2 万願寺唐辛子のオイル煮のオイルを鍋に入れて熱し、1を入れる。
3 オイル煮の万願寺唐辛子を刻んで2に加えて和え、イタリアンパセリを加える。

＊エビの代わりにホタテや鶏肉、ジャガイモなどでも同様に作れる。

白菜と玉ねぎの煮込み

● スープに、牡蠣などの魚介と合わせて鍋に入れ、一緒に蒸し上げてもおいしい。● 冷蔵庫で1週間。

白菜と玉ネギの甘みを出すのがポイント。

材料(作りやすい量)
白菜(ざく切り)…1/4株分
玉ネギ(薄切り)…2個分
ニンニク(みじん切り)…小さじ1
鶏のブイヨン…1ℓ
サラダ油、塩…各適量

1　鍋にサラダ油と玉ネギを入れてゆっくり炒める(スュエ)。
2　1がキャラメル状になったらニンニクを加える。香りが出たらブイヨンを注ぎ、白菜を加えて15分ほど煮込む。塩で味を調える。

◎ 白菜と玉ねぎのグラタンスープ

材料(1人分)
白菜と玉ねぎの煮込み(上記参照)…適量
パン(1cm厚さに切ったもの)…1枚
グリュイエール・チーズ…適量
パルミジャーノ・レッジャーノ・チーズ…適量

耐熱の器に白菜と玉ねぎの煮込みを入れ、パンをのせ、すりおろしたグリュイエール・チーズとパルミジャーノ・チーズをかけて、240℃のオーブンに入れて焼き目をつける。

古屋壮一

ラタトゥユ

● 冷たいものをサーモンやポーチドエッグに添えたり、温めて肉料理や魚料理の付け合わせにしたり。 ● 冷蔵庫で1週間。

南仏の定番のお惣菜。

材料（作りやすい量）
トマト（皮を湯むきして種を除き、粗みじん切り）…1個分
ナス（2cm角切り）…2本分
ズッキーニ（2cm角切り）…1本分
パプリカ（黄。2cm角切り）…1/2個分
玉ネギ（1cm角切り）…1/2個分
ニンニク（みじん切り）…大さじ1
タイム…1本
ローリエ…1/2枚
エルブ・ド・プロヴァンス（乾燥）
　…小さじ1
トマト・コンサントレ…小さじ1
オリーブ油、サラダ油、塩
　…各適量

1　鍋にオリーブ油とニンニクを入れて弱火にかける。ニンニクの香りが出てきたら、タイム、ローリエ、エルブ・ド・プロヴァンスを加える。
2　1に玉ネギを入れ、甘みが出るまで炒める。
3　2にトマト・コンサントレ、トマトを加えて10分ほど煮る。
4　ナスとズッキーニは熱したサラダ油に通し、油を切って塩をしておく。パプリカはオリーブ油で炒め、塩をしておく。
5　4をすべて合わせてバットに広げ、3をかけて常温で冷ます。冷めたら冷蔵庫で保存する。

◎ ラタトゥユのグラタン
（作り方p.152）

卵と生ハムを加えてグラタンに。

古屋壮一

ズッキーニのカポナータ

● ブロードを加えてスープに。煮込みに加える。詰め物の具になど。● 冷蔵庫で1～2週間。

そのままおつまみにもなるが、煮込んだ野菜の具として、あるいは調味料的に他の料理にも使用できる。

材料（作りやすい量）
ズッキーニ（黄）…5本
ズッキーニ（緑）…1本
パンチェッタ…80g
玉ネギ…1/2個
ニンニク（つぶす）…1粒
オリーブ油…少量
ドライトマト（粗みじん切り）…1個分
オレガノ、マジョラム…各少量
白ワインビネガー…大さじ3
ブロード…大さじ3
塩、砂糖（甘みが足りなければ）、粗挽き唐辛子…各少量

1　ズッキーニ、パンチェッタ、玉ネギは5mm角ほどに切る。
2　鍋にオリーブ油をひいて火にかけ、ニンニクを入れて玉ネギを入れ、ゆっくりと汗をかかせるように炒める。
3　2にドライトマトとズッキーニを入れ、オレガノ、マジョラム、ワインビネガー、ブロードを加え、弱火～中火で蒸し煮する。
4　野菜にほぼ火が入ったら、火を止めて5分おき、余熱で火を入れてから塩、砂糖（甘みが足りない場合）、唐辛子で味を調える。

＊作ってすぐに食べられるが、2～3日後のほうが味がなじんでおいしい。

◎ まぐろ　ズッキーニのカポナータのせ

材料
マグロ（刺身用サク）…適量
ズッキーニのカポナータ（上記参照）…適量
A ┌ オクラ（みじん切り）…適量
　├ レンコンのピクルス（みじん切り）…適量
　├ イタリアンパセリ（粗みじん切り）…適量
　├ ミント（粗みじん切り）…適量
　└ エシャロット（みじん切りにして水にさらし、水気を絞る）…適量
塩、オリーブ油、黒粒コショウ…各適量

1　ズッキーニのカポナータにAとオリーブ油を加えて混ぜ合わせる。
2　マグロは塩をして水分を少し抜いた後、食べやすい大きさに切って皿に盛る。上に1をのせ、つぶした粒コショウを散らす。

有馬邦明

◎ ズッキーニのカポナータ入りオムレツ

材料(1人分)
ズッキーニのカポナータ(p.44参照)… 適量
卵…2個
生クリーム… 大さじ2
パルミジャーノ・レッジャーノ・チーズ
　(すりおろしたもの)… 大さじ2
トマトソース(p.60参照)… 適量
オリーブ油、無塩バター… 各適量
黒粒コショウ、塩… 各少量

1　ズッキーニのカポナータにパルミジャーノ・チーズ大さじ1を加える。
2　卵をボウルに溶き、生クリームとパルミジャーノ・チーズ大さじ1を加えて混ぜる。
3　熱したフライパンにオリーブ油とバターを入れて熱し、バターが香ばしくなったら2を流し、1をのせて巻き込み、オムレツを作る。
4　3を器に盛り、トマトソースを添えて、つぶした粒コショウと塩を散らす。

＊野菜を加えると、オムレツは食べやすくなる。フライパンに丸く流し、ホットケーキ状に焼いてもよい。

塩きのこ

● 炒め物に使ったり、卵とじにしたり。刻んでワインビネガーとオイルを加え、ドレッシングにしてもよい。● 冷蔵庫で1ヵ月ほど。

キノコを保存するときは、
干すか塩漬けにするが、
塩漬けのほうが
キノコらしい食感が残る。

材料
シイタケ、シメジ、マイタケ
　　…各適量
塩…適量（キノコの重量の2.5～3%）

キノコは石づきを切り落としてほぐし、塩をふって軽くもみ、冷蔵庫で保存する。3～4日すると水分が出てくるので、その水分ごと保存する。

＊キノコは天然ものではなく、市販のものを使用する（天然ものは目利きと掃除が必要）。
＊他のキノコでも作れるが、ぬめりの出るナメコやエノキは多く入れすぎないほうがよい。

◎塩きのこと梅干しの冷たいスープ

材料（作りやすい量）
塩きのこ（上記参照）…100g
だし汁…400ml
梅干し…1個
イタリアンパセリ（粗みじん切り）…少量

1　鍋にだしと塩きのこを入れて火にかける。沸いたら梅干しを入れ、弱火でゆっくりと火を入れる。
2　火からおろして冷まし、冷蔵庫で冷やしておく。器に入れ、イタリアンパセリを散らす。

＊キノコの旨みと梅干しの酸味がおいしい、さっぱり味のスープ。温かいスープにしてもよい。
＊キノコの塩気が強ければ、少し塩抜きしてから使用する。
＊じゅんさい、生姜（せん切りや絞り汁）、ドライトマト（ちぎったもの）、刻んだみょうが、キュウリ、水ナスなどを加えてもよい。

有馬邦明

きのことベーコンのマリネ

● ショートパスタや野菜と和えても。ジャガイモのソテーに加え、ジャガイモとキノコのソテーにしてもよい。 ● 冷蔵庫で1週間。

キノコにベーコンを
合わせてマリネに。
酢の力で保存がきく。

材料（作りやすい量）
マッシュルーム、シメジ、
　エリンギ…各1パック
ニンニク（みじん切り）…小さじ1
エシャロット（みじん切り）
　…大さじ1
ベーコン（拍子木切り）…30g
オリーブ油…適量
シェリービネガー…大さじ1

1　シメジは根元を切り落としてほぐす。マッシュルームとエリンギは、食べやすい大きさに切る。
2　フライパンにオリーブ油とニンニクを入れて火にかける。香りが出てきたらエシャロットを加えて炒め、香りが出たらベーコンと1のキノコを入れて炒める。
3　2にシェリービネガーをふりかけて、冷ます。

◎ きのこオムレツ

材料（作りやすい量）
きのことベーコンのマリネ
　（上記参照）…適量
卵…2個
塩、コショウ…各少量
無塩バター…適量
パセリ（みじん切り）…少量

1　きのことベーコンのマリネは鍋で温めておく。
2　卵を溶いて塩、コショウをする。
3　フライパンにバターを熱し、2の卵液を流し入れ、半熟になったら1を入れる。火からおろしてパセリをふる。

古屋壮一

フレンチ・イタリアン　野菜・きのこ・豆で作る

豆のトマト煮込み

● 肉の付け合わせに。ショートパスタの具に。鶏肉を加えて煮込んでも。
● 冷蔵庫で1週間。

古屋壯一

豆が崩れる寸前まで
煮込むとおいしい。

材料(作りやすい量)
白インゲン豆(乾燥)…50g
白花豆(乾燥)…50g
塩…適量
ジュニエーヴル…2粒
タイム…2本
ローリエ…1枚
トマトソース
　┌ オリーブ油…大さじ1
　│ ニンニク(みじん切り)…大さじ1
　│ タイム…1本
　│ ローリエ…1枚
　│ 玉ネギ(みじん切り)…1/2個分
　│ ベーコン(みじん切り)…30g
　└ トマトホール(水煮缶詰)…1缶(400g)

豆の煮込み

● 煮込み料理のコク出しに。つぶしてペースト状にし、練り物のベースになど。
● 冷蔵庫で4〜5日。

有馬邦明

トスカーナ州では、
このように炊いた豆を保存して
いろいろな料理に使う。
少量作るより、たっぷりの量を
炊いたほうがおいしくできる。

材料(作りやすい量)
豆(乾燥。写真はボルロッティ)…1kg
ニンニク(つぶす)…1〜2粒
ローズマリー…適量
パンチェッタ(角切り。なければベーコンでもよい)…100g

1　豆は水に浸けて戻しておく。
2　1の豆とニンニク、ローズマリー、パンチェッタを鍋に入れ、水を加えてやわらかくなるまで弱火でゆっくり煮る。

＊他の乾燥豆でも同様に作れる。デンプン質の出づらい豆の場合は、ジャガイモ(できれば男爵)を一緒に煮込むとよい。

1 豆はそれぞれ水に一晩浸けて戻しておく。
2 トマトソースを作る。トマトホールはミキサーにかけ、裏漉しておく。鍋にオリーブ油とニンニクを合わせて火にかけ、香りを出す。タイム、ローリエを加え、香りを出す。玉ネギ、ベーコンを加え、甘みが出るまでよく炒めた後、トマトホールを加えて15分ほど煮る。
3 1の豆の水気を切り、別々の鍋に入れてひたひたの水を加え、海水よりやや薄めの濃度になる量の塩、ジュニエーヴル、タイム、ローリエを加えてやわらかくなるまで煮る。
4 3の豆の水気を切り、2の鍋に入れて10分ほど煮る。

◎ カスレ

材料（1人分）
鴨のコンフィ（p.26の「鶏のコンフィ」と同様にして、鴨の骨付きモモ肉で作ったもの）…1本
ソーセージ…1本
豆のトマト煮込み（p.48上参照）…適量
パン粉、パセリ（みじん切り）…各適量

1 鴨のコンフィとソーセージは、フライパンで焼いてパリッとさせる。
2 ココットに豆のトマト煮込みを敷き、1をのせ、パセリを混ぜ合わせたパン粉をふり、サラマンダー（上火オーブン）で焼き目をつける。

レンズ豆（ランティーユ）のサラダ

● 冷めたものをパテなどの付け合わせにしたり、温めてコンフィや肉料理の付け合わせにしても。● 冷蔵庫で4〜5日。

たくさん食べられる豆のサラダ。

材料（作りやすい量）
レンズ豆（乾燥）…100g
ベーコン（拍子木切り）…30g
玉ネギ（薄切り）…1/8個分
サラダ油…大さじ1
塩…約10g
ヴィネグレットソース（p.152参照）
　…適量

1　レンズ豆は水に一晩浸けて戻しておく。
2　鍋にサラダ油をひき、ベーコンと玉ネギを入れて炒める。水を1ℓ入れ、塩を10g程度加える。沸いたら水気を切った1のレンズ豆を入れ、4〜5分煮て火を入れる。
3　2をザルにあけ、流水にあてて軽く冷まし、水気を切る。
4　3をヴィネグレットソースで和える。

◎ 鯖の燻製とレンズ豆のサラダ

材料（作りやすい量）
鯖（三枚におろした身）…1枚
レンズ豆のサラダ（上記参照）…適量
塩、コショウ、サラダ油…各適量
パセリ（みじん切り）…少量

1　鯖に塩、コショウをする。
2　中華鍋に燻製チップを入れて火にかけ、網をのせて1をおいて蓋をし、30秒ほど瞬間燻製する。
3　サラダ油をひいたフライパンで2の皮目をパリッと焼き、食べやすい大きさに切る。
4　皿にレンズ豆のサラダを敷いて、上に3を盛り、パセリをふる。

古屋壮一

白いんげん豆のピューレ

スープを作る。料理に濃度をつける。テリーヌやハンバーグに加えて仕上がりを軽くするなど。ボリュームも出て、香りもよく、他の素材ともなじみやすいので使いやすい。

● 冷蔵庫で4〜5日。

有馬邦明

味つけをしないで炊いた
白インゲン豆をピューレに。

材料（作りやすい量）
白インゲン豆（乾燥）…500g
ニンニク…1粒
赤唐辛子…1本
ナツメグ…適量
ローズマリー…1枝

1　白インゲン豆は水に浸けて戻しておく。
2　1のインゲン豆とニンニク、唐辛子、ナツメグ、ローズマリーを鍋に合わせ、水をひたひたに加えてゆっくり炊いていく。
3　インゲン豆がやわらかくなったら火からおろし、粗熱を取る。
4　唐辛子とローズマリーは取り除き、インゲン豆とニンニクはミキサーに入れ、煮汁を必要な分量加えて撹拌し、ピューレにする。

◎いんげん豆のニョッキ
（作り方p.152）

グリーンピースのピューレも加えてニョッキにし、ミートソースベースのソースを合わせた一皿。

肉・チーズで作る

蒸し鶏

● 切り分けて冷製の料理に。また、皮をパリッと焼いて温める程度に火を入れると、ジューシーなローストチキンになる。● 冷蔵庫で4〜5日。

古屋壮一

余熱で火を入れると肉が固くならない。煮汁もスープに使える。

材料（作りやすい量）
鶏胸肉（皮付き）…2枚
A（クールブイヨン）
- 水…1ℓ
- 玉ネギ（薄切り）…1/2個分
- ニンジン（薄切り）…1/4本分
- セロリ（薄切り）…1/5本分
- 白粒コショウ…2粒
- 塩…適量
- タイム…1枝
- ローリエ…1枚

1 鍋にAの材料をすべて入れて火にかけ、20分ほど沸かす。
2 1に鶏胸肉を入れ、火からおろして70〜80℃ほどの温かい場所に20〜30分おき、余熱で鶏肉に火を入れる。
3 2の煮汁を漉して保存容器に入れ、鶏肉を戻し入れる。

◎ 蒸し鶏、いんげん、トマトのサラダ

材料
蒸し鶏（上記参照）…適量
A
- インゲン（ゆでる）…適量
- マッシュルーム（薄切り）…適量
- リンゴ（細切り）…適量
- プチトマト（くし形切り）…適量
- エシャロット（みじん切り）…適量

ヴィネグレットソース（p.152参照）…適量
パセリ（みじん切り）…少量

1 蒸し鶏は一口大に切り、器に盛る。
2 Aを合わせ、ヴィネグレットソースで和えて1の上にのせる。パセリをふる。

＊根セロリのラペ（p.27参照）を上にのせてもおいしい。
＊好みでフルール・ド・セルをふってもよい。

鶏手羽元のコンフィ

● 煮込みなど、さまざまな料理に。 ● オイルに漬けた状態で、冷蔵庫で1カ月。

コンフィは、硬い肉をやわらかく食べさせ、また、日持ちをさせるためのすぐれた方法のひとつ。

材料
鶏の手羽元…適量
A ┌ 塩、コショウ、ニンニク、ローズマリー、ナツメグ
　└ …各適量
鴨の脂（ラードやヘッドでもよい＊）…適量

＊脂は動物性のもののほうが香り、旨みがつき、固まったときにしっかり肉が固定されるのでよい。

1　手羽元は、竹串で穴を数カ所開けておく（味が染みやすくなり、皮が破れにくくなる）。
2　1をAで2時間ほどマリネする。
3　2を鍋に入れ、鴨の脂をひたひたに加えてゆっくり弱火で火を入れていく。竹串を刺してスッと通るくらいになったら火を止め、冷めるまでそのままおいておく。

＊モモ肉や胸肉でも作れるが、これらはそのまま焼いたり煮たりしてもおいしい部位なので、ここでは少し仕事が必要な手羽元で作った。骨のまわりのおいしい部分も活かせる。

◎ 鶏手羽と豆の煮込み

材料（作りやすい量）
鶏手羽元のコンフィ（上記参照）…4本
豆の煮込み（p.48下参照。ドライトマトを加えて煮たもの）…適量
ブロード…適量

1　鶏手羽元のコンフィを鍋やキャセロールに入れて火にかけ、焼き色をつける。
2　1に豆の煮込みを入れてブロードを加え、160℃のオーブンに入れてゆっくりと炊く。水分が少なくなり、表面が香ばしく焼けてきたらでき上がり。
3　器に盛り、刻んだイタリアンパセリ（分量外）を散らす。

＊好みでオリーブ油、パルミジャーノ・チーズなどをかけて食べてもよい。

有馬邦明

鶏砂肝のコンフィ

- サラダやパスタなどに。
- 冷蔵庫で2週間。

コンフィにすることにより、砂肝がしっとりやわらかくなる。

材料
鶏砂肝…適量
マリネ塩(*)…適量
グレス・ドワ(ガチョウの脂。市販品あり)…適量

*マリネ塩(作りやすい量):岩塩1kg、グラニュー糖150g、ミニョネット(つぶした粒コショウ)30gを混ぜ合わせる。

1 鶏砂肝に、その重量の1.5%のマリネ塩をまぶしつけて、一晩マリネする。
2 1の砂肝を水洗いし、鍋に入れて、ひたひたのグレス・ドワを加えて火にかける。70℃ほどの温度で2時間ほど火を入れて、コンフィにする。

◎砂肝のコンフィと
　ポーチドエッグ
　赤キャベツのマリネ
　(作り方p.152)

ワインビネガーとハチミツを加えて作った赤キャベツのマリネと合わせて。卵を崩し、からめながら食べる。

古屋壮一

豚肉の味噌漬け

● フライパンで焼く。野菜と合わせて炒め物などに。　● 冷蔵庫で3～4日。

味噌とワインを使った
味噌床に漬け込む。

材料（作りやすい量）
豚肩ロース肉（生姜焼き用などとして売られているもの）…3枚
漬け味噌
　┌ 味噌… 大さじ1
　│ ワイン（白でも赤でもよい）
　│ 　… 大さじ1½
　│ 生姜（薄切り）…2～3枚
　└ ニンニク（薄切り）…3～4枚

味噌とワインを混ぜ合わせ、生姜、ニンニクを入れ、保存容器に入れて豚肉を漬け込む。上にガーゼなどをかけ、冷蔵庫に入れて一晩以上漬けてから使用する。

＊他の肉や切り身の魚でも同様に作れる。
＊漬け味噌には、好みでローズマリー、セージ、ローリエなどを加えてもよい。

◎ 豚肉とキャベツのレモン炒め

材料
豚肉の味噌漬け（上記参照）… 適量
キャベツ（ざく切りにして塩ゆでしたもの）
　… 適量
レモン（薄めのくし形切り）… 適量
黒粒コショウ… 少量

1　豚肉の味噌漬けは、少し味噌をぬぐい、食べやすい幅に切っておく。
2　フライパン（テフロン加工でない場合は、油を少量ひく）を火にかけ、1の豚肉を入れて弱火でゆっくり焼く。
3　2にレモンを加え、キャベツを入れて炒め合わせる。
4　器に盛り、つぶした黒粒コショウをふる。

有馬邦明

フレンチ・イタリアン　肉・チーズで作る

肉じゃが

- このまま食べる他、他の料理にも展開できる。
- 冷蔵庫で4〜5日。

甘みを加えずに作ると、
その後の展開の幅が広がる。

材料（作りやすい量）
ジャガイモ…5〜6個
牛肉（塊。ロースト肉の切れ端でもよい）
　…150g
玉ネギ（やや厚めの縦スライス）
　…1個分
ニンニク（薄切り）…2枚
日本酒…大さじ3
醤油（またはガルム*、塩）…適量

*ガルム：イタリアの魚醤。

1　ジャガイモは丸ごと皮をむく。牛肉は一口大の角切りにする。
2　鍋に1と玉ネギ、ニンニク、日本酒、水200mlを入れて火にかける。沸いたら火を弱め、肉とジャガイモがやわらかくなるまでコトコトと煮る。醤油で味を調える。

＊甘みがほしければ、砂糖を少量足す。

◎じゃがいもと牛肉のテリーヌ

材料
肉じゃが（上記参照）…適量
ゼラチン（水に浸けてふやかしておく）…適量

1　肉じゃがを鍋に入れて火にかけ、ふやかしたゼラチンを加える（しっかりめに）。ゼラチンが溶けたら火からおろし、常温で冷ましておく。
2　1の粗熱が取れたら、ラップフィルムを敷き込んだテリーヌ型に入れ、上の面にラップをかぶせ、重石をして冷蔵庫で冷やし固める。
3　固まったら、食べやすい厚さに切って器に盛り、オリーブ油とつぶした粒コショウをかけ、好みのハーブ、粒マスタード（すべて分量外）を添える。

有馬邦明

蒸し鶏のドレッシング和え

● 味が染みているのでそのまま、あるいは加熱して、サラダや和え物に。● 冷蔵庫で4～5日。

水分が多く傷みやすい肉類は、早めに下処理をしておく必要がある。ドレッシングで和えておけば酸味と香りがつき、より日持ちもする。

材料（作りやすい量）
鶏胸肉…3枚
日本酒…大さじ2
ブロード…適量
オニオンドレッシング（p.153参照）
　…適量

1　鍋に日本酒と鶏胸肉を入れて火にかける。沸いたらブロードをひたひたに加え、ごく弱火にする。そのまま30分～1時間火を入れる。
2　そのまま冷まし、粗熱が取れたら手で裂く。
3　2をドレッシングで和えておく。

＊肉類の保存には、アルコールをふって殺菌する、脱水シートで傷みのもとの水分を抜くなどの方法があるが、炊いて火を入れてしまうのがもっとも簡単で使い勝手のいい方法。
＊やわらかくしっとりとした状態に火を入れるのがポイント。強火にすると中の旨みがみな抜けて、身がぱさついてしまうので注意する。

◎ 鶏のクルミソース和え

材料
蒸し鶏のドレッシング和え（上記参照）
　…適量
クルミ（実）…適量
万能ネギ（小口切り）…少量

1　クルミはローストし、一部は刻んでおき、残りはすりつぶす。
2　蒸し鶏のドレッシング和えに、すりつぶしたクルミを加えて和える。器に盛り、刻んだクルミと万能ネギを散らす。

有馬邦明

鶏ときのこの煮込み

● そのまま野菜を加えて煮てスープに。米と合わせて炊き、きのこご飯に。オリーブ油やバターを加えてパスタソースになど。

● 冷蔵庫で1週間程度。

キノコは炊くと味が凝縮される。ここではマツタケを使用したが、マイタケやシメジ、シイタケなど他のもので作ってもよい。

材料(作りやすい量)
鶏肉(手羽元)…8本
キノコ(写真はマツタケ使用)
　　…3〜4本
ドライトマト…2個
日本酒…100ml
塩…適量

1　鶏肉を鍋に入れ、日本酒を加えて加熱する(鶏臭さを取る)。
2　1に水を適量加え、厚めのくし形に切ったキノコを入れて、ドライトマトを加え、ゆっくりと炊く(鶏肉やキノコから出た味を、再び素材に戻すイメージで)。塩で味を調える。煮汁ごと保存する。

◎ きのこのリゾット
　（作り方p.153）

鶏ときのこの煮込みを煮汁ごと使って作る、簡単リゾット。

有馬邦明

ミートソース（トマト入り）

- パスタ、グラタン、詰め物、リゾットなど、さまざまな料理に使える。
- 冷蔵庫で1週間程度。

ミートソースのパスタがすぐに作れる、トマト入りのミートソース。

材料（作りやすい量）
合挽き肉…300g
日本酒…大さじ2
味噌…大さじ2
ブロード…500ml
トマトソース（下記参照）…180ml
ソフリット（好みで。下記参照。またはソテーオニオン〈p.152参照〉）
　…大さじ4〜5
塩、コショウ、赤唐辛子
　（ちぎったもの。または粉）…各少量
ナツメグ、ローズマリー
　…各少量
ニンニク（つぶしてからみじん切りにしたもの）
　…少量

1　日本酒、味噌、ブロード、トマトソース（好みでソフリットまたはソテーオニオンも）を鍋に合わせて沸かす。塩、コショウ、唐辛子で味を調える。
2　1に挽き肉を入れ、ナツメグ、ローズマリー、ニンニクを加える。ひと煮立ちしたら弱火にし、5〜10分煮る。

トマトソース

材料（作りやすい量）
トマト（赤く、実のしっかりしたもの）…1kg
オリーブ油…大さじ1
ニンニク（つぶす）…1/2粒
玉ネギ（みじん切り）…薄切り3〜4枚分
赤唐辛子（または粉唐辛子）…少量
塩…2つまみ

1　鍋にオリーブ油とニンニクを合わせて弱火で炒める。玉ネギを入れて火を少し強め、素揚げするような感じで水分を飛ばす。
2　1に半分に切ったトマトを入れ、中火〜弱火でゆっくり炊く。
3　ちぎった赤唐辛子と塩を加える。水分がある程度蒸発したらでき上がり。

ソフリット

材料（作りやすい量）
ニンジン…100g
玉ネギ…200g
セロリ…100g
太白ゴマ油…適量

1　野菜は包丁でみじん切りにする。
2　フライパンに多めの油を入れて火にかけ、温まったら1を入れる。最初は中火で熱し、野菜から出た水分の泡立ちがおさまってきたら火を弱め、水分を飛ばすようにゆっくり熱する。

有馬邦明

◎ ミートソーススパゲッティ

材料（1人分）
スパゲッティ（乾燥）…100g
塩…適量
ミートソース（p.60参照）…60g
E.V.オリーブ油…適量
パルミジャーノ・レッジャーノ・チーズ…適量
イタリアンパセリ（粗みじん切り）…適量

1　1%の塩を加えた湯で、スパゲッティをゆでる。
2　1の水気を切り、フライパンで温めておいたミートソースに入れて、オリーブ油を加えて和える。
3　器に盛り、パルミジャーノ・チーズをおろしかけ、イタリアンパセリを散らす。

サルシッチャ

● 使うときに、卵黄を加えるなどしてポルペッティ（ミートボール）に。卵黄を加えると、肉がつぶれずに固まる。ピーマンに詰めたり、ズッキーニやパンに挟んで揚げても。

● 冷蔵庫で4〜5日。

生の挽き肉は傷みが早いので、塩分を加えることにより日持ちをさせる。あらかじめ肉に味をつけておくと、料理のときの塩分もギリギリに抑えられるのでよい。

材料（作りやすい量）
豚挽き肉…300g
ニンニク（みじん切り）…1/4粒分
味噌…小さじ2
ローズマリー、ナツメグ（好みで）
　…少量

すべての材料を混ぜ合わせる。ピチットシートで包んで保存する。

＊1日目より、3日めくらいのほうが味がなじんでよい。ただし、できれば3日くらいで使い切りたい（ピチットシートに包んでおけば、色落ちしない）。
＊腸詰にすると、イタリアでおなじみのサルシッチャの形に。
＊塩を加えると水分が出てきてしまうので、ここでは味噌を加えた。味噌を練り込むことにより、風味も水分もなじむ。

◎ ポルペッティ　トマト煮込み

材料
サルシッチャ（上記参照）…適量
卵黄…適量
トマトソース（p.60参照）…適量
黒オリーブ…適量
豆の煮込み（p.48下参照）…適量
ガーリックオイル（薄切りニンニクを入れて熱したオリーブ油）…少量
イタリアンパセリ（みじん切り）…少量
揚げ油（サラダ油）…適量

1 サルシッチャに卵黄を加えて団子にし、素揚げする。
2 トマトソースを鍋に入れて1を入れ、刻んだオリーブを加えて煮て火を入れる。
3 豆の煮込みは、ガーリックオイルとイタリアンパセリを加えて和えておく。
4 2を器に盛り、3を添える。

有馬邦明

牛肉の時雨煮

ゆでたパスタに加えて和えたり、詰め物パスタの具にしたり、野菜の炒め物に使うなど。● 冷蔵庫で4〜5日。

余った肉の保存法としてすぐれた方法。肉は筋が多いほうがゼラチン質が多く固まりやすいので、詰め物をするときなどに使いやすい。

材料（作りやすい量）
牛肉（切れ端でよい。また、他の肉でもよい）
　…2kg
赤ワイン…200〜300ml
味噌…大さじ2

1　圧力鍋に赤ワインと味噌を混ぜ合わせて入れる　牛肉を入れて全体になじませ、水をひたひたに加えて炊く。
2　圧力がかかってから10分したら火を止め、そのまま冷ましておく（牛肉から味が出る）。
3　2の鍋を再び火にかけ、肉を崩しながら煮詰める（肉から出た味を、再び肉に戻すイメージで）。
4　火からおろし、そのまま冷ましておく。

◎ 牛肉の時雨煮のリピエノ

材料
牛肉の時雨煮（上記参照）… 適量
油揚げ… 適量
ゴマ油… 適量
ライムの皮（細切り）… 少量

1　油揚げを半分に切り、中に牛肉の時雨煮を詰める（口は楊枝で閉じる）。
2　フライパンを火にかけ、1を入れて両面を焼く。途中でゴマ油を少量加えて香りをつける。
3　香ばしく焼けたら食べやすい大きさに切り、器に盛る。ライムの皮を散らす。

有馬邦明

鶏肉の時雨煮のテリーヌ

● 詰め物パスタの具に。春巻きの皮に包んで揚げる。衣をつけて揚げてメンチカツ風になど。● 冷蔵庫で4～5日（冬季なら1週間）。冷凍も可能。

鶏肉は部位を選ばない。バットなどで冷やし固め、小角に切って保存しておくと、パスタの詰め物などに使う際に便利。

材料（作りやすい量）
鶏肉（切れ端でよい）…2kg
日本酒…200～300ml
味噌…大さじ2
ゼラチン…15g

1　圧力鍋に日本酒、適量の水、味噌を混ぜ合わせて入れる。鶏肉を入れて全体になじませ、水をひたひたに加えて炊く。
2　圧力がかかってから10分ほどしたら火を止めて、そのまま冷ましておく（鶏肉から味が出る）。
3　2の鍋を再び火にかける。ゼラチンを加え、肉を崩しながら煮詰める（肉から出た味を、再び肉に戻すイメージで）。
4　火からおろし、そのまま冷ましておく。バットに入れて冷蔵庫で冷やし固め、使いやすい大きさの角切りにして保存しておく。

◎鶏肉のトルテッリーニ

材料
水餃子の皮（市販）…適量
鶏肉の時雨煮のテリーヌ（上記参照。角切りにして保存しておいたもの）…適量
塩…適量
パルミジャーノ・レッジャーノ・チーズ（すりおろしたもの）…適量
オリーブ油…少量
イタリアンパセリ（粗みじん切り）…少量

1　水餃子の皮の中央に、鶏肉の時雨煮のテリーヌを1個ずつ丸めて入れて半分に折りたたみ、両端を合わせてつまみ、くっつける。
2　1％の塩を加えた湯を沸かし、1を入れる。浮いてから15秒経ったら取り出し、水気を切る。
3　2を器に盛り、パルミジャーノ・チーズ、オリーブ油、イタリアンパセリを散らす。

＊水餃子の皮を利用して作る、簡単トルテッリーニ。

有馬邦明

リエット

- そのままパンなどを添えて提供したり、カナッペにしたり。
- 冷蔵庫で2週間以上。

パンに塗って食べると、止まらないおいしさ。

材料（作りやすい量）
豚バラ肉（塊）…2.7kg

A ┌ ラード…500g
  │ 白ワイン…400ml
  │ ニンニク（薄切り）…100g
  │ 塩…57g
  │ 玉ネギ（乱切り）…1½個分
  │ ニンジン（乱切り）…1本分
  │ 白粒コショウ…20g
  │ タイム…1枝
  │ ローリエ…1枚
  └ ローズマリー…1枝

1 豚バラ肉を5cm角に切り、フライパンで焼き色をつける。
2 鍋にAを入れて火にかけ、1を入れ、火が通るまで煮る(3時間ほど)。火からおろし、鍋を氷にあてて1日おき、冷ます(ニンジンは取り除いておく)。
3 2の鍋の中身をすべてミキサーにかけ、ペースト状にする。

◎ リエットのグジェール

材料
グジェール（p.153参照）…適量
リエット（上記参照）…適量
コルニッション…少量
パールオニオン（コルニッションの瓶詰に入っているものでよい）…少量

グジェールを半分に切り、丸めたリエット、薄切りにしたコルニッションとパールオニオンを詰める。

古屋壮一

パルミジャーノの胡麻油漬け

● 漬けていないチーズと同じ使い方ができる。漬け込んだオイルも使える。● ハード系のチーズを酸化しにくい油(ゴマ油など)に漬けた場合、冷蔵庫で2ヵ月ほど。

有馬邦明

ハード系チーズが乾燥してしまったとき、固くなった部分をオイルに漬けることにより、しっとりさせることができ、保存性を高める。オイルを含むことにより、食感や香りもよくなる。

材料
パルミジャーノ・レッジャーノ・チーズ(固いところ)…適量
太白ゴマ油(オリーブ油でもよい)…適量
赤スグリ(＊)…適量

＊赤スグリは一緒に漬けることで、添え物として使える。

大きめの塊に割ったパルミジャーノ・チーズを保存容器に入れ、赤スグリを加え、太白ゴマ油を満たす。

＊パルミジャーノの皮に近い固くなった部分は、通常すりおろして使用するが、使わないと乾燥したり酸化したりしてくるため、このようにして保存している。
＊チーズはハード系のものなら他のものでも同様にできる。モッツァレラなどでもよいが、漬けているうちに水が出てきて傷むので、途中の水抜きが必要になる。

◎ パルミジャーノのシーザーサラダ

材料
パルミジャーノの胡麻油漬け(上記参照)…適量
レタス(グリーンカール)…適量
トウモロコシ(ゆでた実)…適量
トウモロコシドレッシング(p.153参照)…適量

器にレタスを盛り、パルミジャーノの胡麻油漬けを崩したもの、ゆでたトウモロコシの実、パルミジャーノと一緒に漬けていた赤スグリを散らし、トウモロコシドレッシングをかけ、更にパルミジャーノの胡麻油漬けをおろしかける。

魚介で作る

まぐろのマリネ

● サラダに添えても。また、火を入れても使えるので、サクのままグリルしてたたき風にしても。パスタにも使える。
● 冷蔵庫で1週間。

刺身とは異なる、
ねっとりとしたおいしさ。

材料
マグロ（刺身用サク＊）…1サク
塩…適量
マリネ液
　オリーブ油…400ml
　タイム…1本
　ローリエ…1枚
　タカノツメ…1本

＊マグロは赤身のほうが劣化づらい。

1　マグロのサクをバットにおき、覆うように塩をふり、冷蔵庫に6時間ほどおく。
2　1の塩を洗い流し、冷蔵庫に一晩おいて乾かす。
3　鍋にオリーブ油とタイム、ローリエ、タカノツメを合わせて火にかけて香りを出し、冷ましておく。
4　冷めた3に2のマグロを漬ける。2〜3日後からが食べごろ。

◎ まぐろのニソワーズ風

材料
　まぐろのマリネ（上記参照）…適量
　トマト…適量
A　インゲン（ゆでたもの）…適量
　ジャガイモ（ゆでたもの）…適量
　卵（ゆでたもの）…適量
緑オリーブ（輪切り）…少量
レッドソレル（葉）…少量
ヴィネグレットソース（p.152参照）…少量

1　Aの材料はすべて一口大に切る。インゲンはヴィネグレットソースで和える。
2　1を器に盛り、オリーブとレッドソレルを散らす。まぐろのマリネのオイルを少量まわしかける。

古屋壮一

さんまの甘辛煮

● そのままご飯のおかずや酒の肴に。ほぐして野菜と和え、サラダに。パスタに。味のついた魚の調味料といった感覚でも使える。● 冷蔵庫で1ヵ月程度。

有馬邦明

残った光りものの魚は火を通しておくとよい。
酒で蒸しておくと固くならず、使いやすい。

材料（作りやすい量）
サンマ…2尾
日本酒…大さじ4
生姜（薄切り）…2枚
砂糖…少量
粉唐辛子…適量
ガルム（魚醤）…大さじ2
実山椒…適量

1　サンマは頭を切り落とし、はらわたを取り除く。半分の長さに切っておく。
2　鍋に日本酒大さじ2と60mlの水、生姜を合わせて火にかける。沸いたら1のサンマを入れる。
3　再び沸いたら日本酒大さじ2を加える。砂糖、粉唐辛子、ガルム、実山椒を加え、落とし蓋をして弱火で炊き上げる。
4　炊けたらそのまま冷ました後、煮汁ごと保存する。

＊イワシ、鯖、カツオ（なまり節）などでも同様に作れる。山椒の代わりにバジリコなどで香りをつけてもよい。

◎ 甘辛さんまの卵とじ
（作り方p.153）

赤玉ネギと合わせて卵とじに。白髪ネギをたっぷりのせて。

魚のエスカベッシュ

- このままおつまみにしても。カナッペにしても。
- 冷蔵庫で1週間。

揚げた魚をマリネする。
魚を揚げた後の油を加え、
風味づけするのがポイント。

材料（作りやすい量）
白身魚（切り身）…200g
玉ネギ（薄切り）…100g
ニンジン（細切り）…100g
塩、コショウ…各適量
揚げ油（サラダ油）…適量
マリネ液
- 白ワインビネガー…30ml
- 水…50ml
- 塩、コショウ…各適量
- コリアンダーシード…6粒
- タイム…1/3枝
- ローリエ…1/2枚
- ニンニク…1/2粒

1 魚を一口大に切って塩、コショウをし、油で揚げる。
2 マリネ液の材料を合わせて沸かす。
3 1の魚と玉ネギ、ニンジンを合わせて保存容器に入れ、2を注ぐ。1の魚を揚げた後の油を大さじ3ほど加える。一晩おいてからのほうが、味がなじんでおいしい。

◎ 魚のカナッペ

材料
魚のエスカベッシュ（上記参照）
　…適量
パン（薄切り）…適量
レッドソレル（葉）…少量

パンをトーストし、魚のエスカベッシュをのせて、レッドソレルを添える。

古屋壮一

ほっけのマンテカート

● パンにのせてクロスティーニに。レタスやゆでたジャガイモにディップとして添えるなど。● 保存容器に入れてしっかりと密閉すれば、冷蔵庫で1週間。

有馬邦明

イタリアでは干し鱈で作るマンテカート（干し鱈のペースト）を、身近なホッケを使って作った。

材料（作りやすい量）
ホッケ（干物）…300g
ジャガイモ…200g
ニンニク（すりおろし）…少量
無塩バター…大さじ1
塩…適量

1　ホッケはグリルで焼いて、皮をはずし、身だけをほぐしておく（200gぐらいになる）。
2　ジャガイモはゆでて皮をむき、つぶしておく。
3　鍋に1と2、ニンニク、バターを合わせ、弱火にかけながら練っていく。塩で味を調える。

＊他の魚でも作れるが、その場合も干物のほうがおいしくできる。ただし青魚の干物で作る場合は、脂をしっかり落としておかないと臭みが残るので注意する。

◎ ほっけのマンテカート
　　オクラとカラザウを添えて

ほっけのマンテカート（上記参照）を器に盛り、つぶした粒コショウとオレガノをふる。オクラ（縦半分に切ったもの）と、カラザウ（イタリアの薄いパン）を添える。

◎ ほっけのスープ

材料
ほっけのブロード（だし*）… 適量
ほっけのマンテカート（p.70参照）… 適量
ソフリット（p.60参照）… 適量
トマトソース（p.60参照）… 適量
生姜の絞り汁… 少量
E.V.オリーブ油… 適量
イタリアンパセリ（粗みじん切り）… 少量

*ほっけのブロード：ホッケの骨（マンテカートを作る際に、焼いたホッケからはずしたもの）と水、日本酒を鍋に合わせ、香味野菜の切れ端やドライトマトを加えて煮出す。味が出たら漉しておく。

1 ほっけのマンテカートを鍋に入れ、ほっけのブロードとソフリット、トマトソースを加えて火にかける。混ざってとろみがつき、艶が出てきたらでき上がり。
2 器に盛り、生姜の絞り汁、オリーブ油、イタリアンパセリを加える。

*簡単でおいしいスープ。ホッケの旨みがたっぷり。
*ジャガイモがつなぎになって自然なとろみがつく。

たこの燻製のマリネ

● そのままおつまみとしても。サラダに添えても。パスタにも。● 冷蔵庫で4〜5日。

燻製にして、香りと旨みをアップ。

材料(作りやすい量)
ゆでダコ…200g
オリーブ油…300ml
A ┌ タカノツメ…1/2本
  │ タイム…2枝
  └ ローリエ(大きめにちぎる)…1枚分

1　鍋にオリーブ油とAを入れて火にかけ、弱火でじっくり熱して香りを出す。香りが出たら、火からおろして冷ましておく。
2　中華鍋に燻製チップを入れて火にかけ、網をのせてタコをおいて蓋をし、30秒ほど瞬間燻製する。1に漬ける。

◎ たことお米のサラダ

材料(4〜5人分)
たこの燻製のマリネ(上記参照)…上記の量
米(作り方1のようにゆでたもの)…100g
ワイルドライス(作り方1のようにゆでたもの)…100g
キュウリ…1/2本
エシャロット(みじん切り)…小さじ1
赤キャベツの新芽…少量
ヴィネグレットソース(p.152参照)…適量
塩…適量

1　米とワイルドライスはそれぞれ、海水よりやや薄めの塩水で、芯がなくなるまでゆでる。水洗いして水気を切っておく。
2　キュウリは小角に切り、塩もみして水気を取っておく。
3　1の米とワイルドライスと2のキュウリ、エシャロットを合わせてヴィネグレットソースで和える。
4　3を器に盛り、薄切りにしたたこの燻製のマリネをのせ、赤キャベツの新芽を散らす。

古屋壮一

いかのマリネ

● このまま食べても。タブレ（39頁参照）と合わせても。ピザの具にも。 ● 冷蔵庫で3〜4日。

イカは、掃除して
マリネした状態で保存して
おくとすぐに使えて便利。
火を入れすぎると
固くなるので、ソテーしたら
すぐに冷ます。

材料（作りやすい量）
ヤリイカ…150g
A ┌ オリーブ油…100ml
  │ ニンニク（たたく）…1粒
  │ 赤唐辛子…1/2本
  └ タイム…1枝
塩、オリーブ油…各適量
白ワイン…大さじ1

1　鍋にAを入れて火にかけ、弱火でゆっくり炒める。香りが出たら、すべて保存容器にあけて冷ましておく。
2　ヤリイカは掃除をし、一口大に切って軽く塩をする。オリーブ油をひいたフライパンでさっとソテーし、白ワインをふる。
3　2をすぐに1に入れ、冷ます。

◎ やりいかのパスタ

材料（2人分）
いかのマリネ（上記参照）…75g
ショートパスタ（フジッリ。乾燥）…100g
ツルムラサキ…3本
塩…適量
パセリ（みじん切り）…少量

1　パスタは通常通り塩を加えた湯でゆでる。ゆで上がるタイミングを合わせて途中でツルムラサキを加えてゆで、一緒に水気を切る。
2　フライパンにいかのマリネと1を合わせて火にかけ、マリネのオイルも少量入れ、塩を少量加えて和える。パセリをふる。

古屋壮一

調味料

それぞれが強い旨みや
香りを持つ乾物どうしを
合わせておくことにより、
旨みと香りが重なってなじみ、
ひとつの調味料のようになる。

材料
塩昆布（細切り）… 適量
ドライトマト（細切り）… 適量
煎りゴマ… 適量
コリアンダーシード（刻む）
　　… 適量

混ぜ合わせる。

塩昆布とドライトマト

● 刺身にのせる。野菜サラダに加えて和える。冷たいパスタに。素麺やご飯にかける。細かく刻んで炊き込みご飯になど。

● 常温で10〜14日（ゴマの香りがいいうちに使う）。

有馬邦明

◎ すずきの塩昆布
　　ドライトマト風味

材料
スズキ（刺身用サク）… 適量
塩昆布とドライトマト（上記参照）… 適量
E.V.オリーブ油… 適量
すだちの果汁… 適量
すだちの皮（すりおろしたもの）… 少量

1　スズキはピチットシートに挟んで脱水し、薄切りにする。
2　1を皿に広げて盛り、オリーブ油、すだちの果汁をまわしかけ、すりおろしたすだちの皮をふり、塩昆布とドライトマトを上に散らす。

＊魚はカレイや鯛など、他の白身魚や貝類に替えてもよい。磯の香りのする魚介が、昆布とは相性がよい。

干しえびとちりめんじゃこ

● パスタに加えたり、ふりかけのようにご飯にかけてもよい。調味料的に使える。
● 冷蔵庫で1ヵ月ほど。

じゃこと干しエビの風味が
なじんで味わいが増す。
本来は生のしらすを使うが、
生臭さが出がち。
ちりめんじゃこなら
失敗がない。

材料
干しエビ、ちりめんじゃこ
　…各適量

干しエビ1：ちりめんじゃこ2の割合で混ぜ合わせ、冷蔵庫で保存する。一晩以上おいてから使用する。

＊干しエビの代わりに昆布やおかきなどを使ったり、干した生姜、柚子皮、陳皮などを加えてもよい。

◎干しえびとちりめんじゃこの
　フリッタータ
　（作り方p.153）

パルミジャーノ・チーズやエシャロット、枝豆などとともに卵に加え、こんがりと焼く。

有馬邦明

香草パン粉

- 肉や魚介のパン粉焼きに。
- 常温で1週間（時間が経つと香りは弱くなる）。

香草の風味を加えたパン粉。肉にも魚にも使えて便利。クミンやフェンネル、ミックススパイス（マサラ）など、好みのスパイスを加えて作ってもよい。

材料
パン粉… 適量
ニンニク、オレガノ、ローズマリー、パセリ（すべてみじん切り）
　… 各適量
ナツメグ、パルミジャーノ・レッジャーノ・チーズ（すりおろしたもの）
　… 各適量

すべてを混ぜ合わせる。

＊分量は好みのバランスで。
＊パン粉はドライを使用する（カリカリに乾燥させたパンをすりおろしたものでもよい）。生パン粉は使用しない。
＊ニンニクとパルミジャーノ・チーズは、香草パン粉を使用するときに混ぜる。ローズマリーもフレッシュを使う場合は、使用するときに混ぜる。
＊魚介料理に使う場合は、チーズを加えない。
＊使用例（牛カツレツ）：牛肉に塩、コショウをして下焼きし、冷ました後、小麦粉、溶き卵、香草パン粉（上記参照）の順につけ、オリーブ油をひいたフライパンで両面を焼く。

有馬邦明

一 和食

吉岡英尋（なすび亭）
関口 隆（和食 きんとき）

野菜・きのこ・植物性食品で作る

蒸し大根

● 煮物、揚げ物、和え物などに生の大根と同様に使用し、調理時間の短縮ができる。 ● 冷蔵庫で5日。

蒸しておくことで、ある程度の保存がきく。水分が抜ける分だしが入りやすくなり、煮物などに使用しても短時間で味が芯まで染みる。

材料
大根 … 適量

1　大根を3cm厚さの輪切りにし、厚めに皮をむく。
2　穴開きのバットにサラシなどを敷いて1を並べ、蒸し器に入れて蒸す。
3　竹串がスッと通るくらいまで蒸したら取り出し、広げて冷ます。密閉容器に入れて（冷蔵庫内のにおいが移らないように）、冷蔵保存する。

＊冬の大根は早く蒸し上がるので、蒸し時間は15分程度。夏の大根は硬めなので、30分以上かかる。
＊夏のころの大根は醤油漬け、味噌漬け、サラダ、ステーキ、揚げ出しなどに。冬場の大根は温かい煮物や鍋、ふろふきなどにするとよい。
＊むいた皮はザルに広げて天日干しにしておくとよい。煮物などを作る際に、だし昆布のように使うことができる。
＊p.95の料理にも使用している。

◎揚げ出し大根と揚げ出し豆腐 なめこおろしがけ

材料
蒸し大根（上記参照）、水切り豆腐（p.94参照）、大根おろし、刻みなめこ（p.92参照）、揚げ油（サラダ油）、濃口醤油 … 各適量

1　半分に切った蒸し大根と水切り豆腐は、高温に熱した油で揚げ、油を切る。
2　大根おろしに刻みなめこを混ぜ合わせ、濃口醤油で味を調える。
3　1の大根と豆腐を器に盛り合わせ、2をかける。

関口 隆

◎ 大根の粕漬けと、大根の粕漬けのわさび漬け和え（作り方p.154）

◎ ふろふき大根（作り方p.154）

ローストトマト

● 焼き物のあしらいに。煮物やスープの具材に。サラダ、天ぷらにも。● 冷蔵庫で10日。

色がきれいで旨みもあるトマトは、さまざまな料理に使える。

材料
ミニトマト(種の少ないもの。写真は「アイコ」を使用)、オリーブ油、塩 … 各適量

1 ミニトマトの皮に、縦に1本浅く包丁目を入れる(皮をむきやすくするため)。
2 1を天板に並べて多めのオリーブ油をかけ、やや強めに塩をして、130～150℃のオーブントースターに入れ、ときどき転がしながら30～40分ローストする(数個のトマトから、汁がジワッと出てくるまで)。出た汁ごと皮付きで保存し、使うときに必要に応じて皮をむく。

＊p.115の料理にも使用している。

◎ あさり、ローストトマト、
　春キャベツのスープ

材料
アサリ(砂抜きしたもの)、ローストトマト(上記参照)、
　キャベツ、ウド、バジルの葉 … 各適量
だし汁、酒、塩、薄口醤油 … 各適量
生姜 … 1カケ

1 アサリを鍋に入れ、水1：だし汁3の割合で合わせてひたひたより多めに加え、生姜1カケ、2割ほどの酒、塩ひとつまみを入れて火にかける。アサリの口が開いたら鍋から取り出しておく。
2 1の鍋に大きめに切ったキャベツを入れ、ローストトマトとその汁、短冊に切ったウドを加える。火が通ったら薄口醤油、塩で味を調える(好みでオリーブ油やコショウを加えてもよい)。
3 1のアサリとともに2を器に盛り、バジルの葉を散らす。

＊バジルの代わりにミツバ、ネギなどで香りを加えてもよい。

関口 隆

◎ 味噌ラタトゥユ（作り方p.154）
トマトの旨みに味噌の旨みを加えて作る、和食にもよく合うラタトゥユ。

◎ 平子鰯の塩焼き（作り方p.154）
いぶりがっことともに大根おろしに合わせ、あしらいに。

焼きパプリカ

● サラダ、椀種、付け合わせなどに。　● 冷蔵庫で6日。

赤色が美しく、料理に色を添えるのに役立つ。

材料
パプリカ（赤）…適量
酢…適量

1　火にかけた焼き網にパプリカをのせ、表面が黒くなるまで焼く。
2　1を水で洗いながら焦げた皮をむく。縦半分に切って種を除く。
3　水3：酢1で合わせた酢水で2を洗い、水気をふき取ってペーパータオルに挟んでしばらくおく。水気が取れたら、ペーパータオルを敷いた保存容器に入れる。

＊p.81の料理にも使用している。

◎パプリカ握り寿司
（作り方p.154）

見た目はまぐろのような、楽しい野菜寿司。

関口　隆

◎ 牛冷やししゃぶ

材料(作りやすい量)
牛薄切り肉…適量
A ┌ 白味噌…50g
　├ すり白ゴマ…50g
　├ 甘酢(p.120参照)…50ml
　└ 合わせ酢(p.120参照)…50ml
キュウリ…適量
焼きパプリカ(p.82参照)…適量
蒸し蕎麦の実(p.100参照)…適量
塩、合わせ酢(p.120参照)…各適量

1　牛薄切り肉を80℃ほどの湯にさっと通して霜降りし、氷水にとって冷やし、すぐに上げて水気をよく取る。
2　Aを混ぜ合わせる。
3　キュウリは薄い小口切りにして塩水に浸ける。焼きパプリカは食べやすい大きさに切る。ともに合わせ酢で洗い、汁気を切る。
4　1の牛肉に、2割ほどの量の蒸し蕎麦の実を加えて和え、器に盛って3を添え、2をかける。

なすのオランダ煮

● そのまま食べる他、蕎麦やうどんなどの具材にも（112頁参照）。　● 冷蔵庫で3日。

ナスを油で揚げて、タカノツメを加えた漬け汁に漬ける。作りたてを、温かいまますぐに食べるときは、だしを2〜3割減らすとよい。

材料（作りやすい量）
ナス…5本
A ┌ だし汁…500ml
　│ 濃口醤油…50ml
　│ みりん…50ml
　└ タカノツメ…1本
揚げ油（サラダ油）…適量

1　Aは合わせて沸かし、冷ましておく。
2　ナスはヘタを取り、縦半分に切って、皮目に3mm幅で斜めの切り込みを入れる。
3　2を170℃の油で揚げ、油を切って、1に漬けて半日以上おく。

食べやすく切り分けて、器に盛る。

吉岡英尋

しもつかれ

● このまま食べる他、焼き餅に添えたり、白菜漬けの葉で巻いたり、トーストした食パンにマスタードを塗ってのせても。● 冷蔵庫で10日。

栃木県の郷土料理で、2月の初午（はつうま）のころに食べられる。惣菜にも、酒の肴にもなる。

材料（作りやすい量）
塩鮭（切り身。辛口）…250g
煎り大豆…125g
酒粕…100g
大根…2本
ニンジン…1本
酢…大さじ1
揚げ豆腐（＊）…1/2丁分

＊揚げ豆腐：水切り豆腐（p.94参照）を小さく切り、油で揚げた後、沸騰湯に入れて油抜きしたもの。

1　大根とニンジンは皮をむき、おにおろし（＊）でおろす。
2　塩鮭は焦げないように焼き、皮と骨を取り除き、ざっくりとほぐす。
3　1と2と酒粕を鍋に合わせて火にかけ、ときどき混ぜながらコトコト煮る。30分ほどしたら煎り大豆を加え、20分ほど煮る。仕上げに酢を加えて揚げ豆腐を入れる。味を見て足りなければ、塩（分量外）を加える。

＊栃木では、炊いた花豆とともに食卓にのぼることが多い。
＊本来は新巻き鮭の頭を煮込んで作るが、ここでは食べやすさと煮込み時間の短縮のため、切り身を使用。また、酢を少量加えて保存性を高めた。
＊おにおろし：竹製の粗いおろし板。

そのまま
酒の肴や副菜に。

関口　隆

浅漬け

● そのまま食べる他、サラダや炒め物の具材にするなど、野菜としても使える。●冷蔵庫で3日。

漬け物としてはもちろん、
料理にも使用できる。
漬け汁も調味料として
利用できるので、むだがない。

材料（作りやすい量）
キュウリ…1本
カブ（皮をむく）…1個
ニンジン（皮をむく）…1/3本
塩…適量
合わせ調味料
　水…200ml
　薄口醤油…20ml
　みりん…20ml
　昆布…5cm×5cm
　タカノツメ…1/2本

1　野菜はすべて薄切りにし、合わせた重さの1%の塩を加えて混ぜ、1時間ほどおいておく。
2　1の塩を軽く水で洗い落とした後、合わせ調味料に漬けて半日以上おく。

◎漬け物サラダ

生野菜（レタス、水菜など好みのもの）を皿に敷き、上に浅漬け（上記参照）を散らす。マヨネーズと浅漬けの漬け汁を1:1で混ぜ合わせてかけ、黒コショウを挽きかける。

吉岡英尋

◎焼きうどん

材料(1人分)
ゆでうどん…1玉
豚肉(薄切り)…30g
浅漬け(p.86参照)…70g
浅漬けの漬け汁…大さじ3
濃口醤油…大さじ1
かつお節…適量
サラダ油…適量

1 フライパンにサラダ油をひき、一口大に切った豚肉と浅漬け、ゆでうどんを入れてさっと炒める。
2 浅漬けの漬け汁と醤油を加えて炒め合わせ、最後にかつお節を入れて火を止める。

たたききゅうり 昆布風味

● 副菜やおつまみに。 ● 冷蔵庫で3日。

吉岡英尋

おぼろ昆布と塩昆布の
おいしい風味を利用する。

材料（作りやすい量）
キュウリ…2本
おぼろ昆布…3g
塩昆布…3g
ゴマ油…大さじ1
一味唐辛子…適量

1 キュウリは縦半分に切った後、1cm幅くらいに手で割る。
2 おぼろ昆布は1cmほどにちぎる。
3 すべての材料をよく混ぜ合わせ、容器に入れて2時間以上おく。

ししとうじゃこ煮

● 副菜やおつまみ、お弁当にも。 ● 冷蔵庫で5日。

吉岡英尋

シシトウが出回る時期に
たくさん作っておくと便利。

材料（作りやすい量）
シシトウ…20本
ちりめんじゃこ…20g
かつお節…3g
日本酒…大さじ1
濃口醤油…大さじ1
ゴマ油…大さじ1/2

1 ヘタを取ったシシトウをゴマ油で炒める。
2 火が入ったら、残りの材料をすべて入れてさっと混ぜる。

炊いた干し椎茸(香信)

- ちらし寿司や太巻きの具に。和え物に。煮魚に合わせて炊く。おからとともに炊くなど。
- 冷蔵庫で2週間。冷凍もできる。

しっかりと味をつけておくことで、保存期間も長くなる。

材料(作りやすい量)
干しシイタケ(香信)…適量
A ┌ シイタケの戻し汁…150ml
  │ 水…200ml
  │ 酒…150ml
  └ 砂糖…30g
濃口醤油…50ml

1　干しシイタケを水に浸けて戻す。
2　しっかり戻した1のシイタケを鍋に入れ、Aを加えて中火で炊く。
3　2の煮汁が2〜3割煮詰まったら濃口醤油を加え、水分がほぼなくなるまで炊く。

＊p.115、p.117の料理にも使用している。

◎ くらげ、きゅうり、椎茸の白酢和え
　（作り方p.154）

しっかりとした味つけは、白和え衣とも相性がいい。

関口 隆

焼いた原木椎茸

● 握り寿司、煮物、椀種になど。
● 冷蔵庫で5日。冷凍保存もできる。

生で食することのない
シイタケをあらかじめ焼いて
保存しておくと、
そのまますぐに使えて便利。
食感もよくなり味も凝縮され、
他のものと炊いたときに
旨みが出る。

材料
シイタケ(原木椎茸)、塩
　…各適量

シイタケの石づきを切り落としてさっと水洗いし、ごく軽く塩をして、天火で両面を焼く。

* 焼く前に、傘の部分に鹿の子に浅く包丁目を入れておくと、よりかみ切りやすくなる。
* p.94、p.96の料理にも使用している。

◎ 焼き椎茸 芥子漬け

材料
焼いた原木椎茸(上記参照)…適量
味噌床
　[白荒味噌1:酒粕1:米麹1:溶き
　　ガラシ1の割合で合わせる。

焼いた原木椎茸をガーゼに挟み、味噌床に3日以上漬ける。

関口 隆

◎ 揚げ豆腐、焼き椎茸、
　小松菜の煮浸し

材料
水切り豆腐(p.94参照)…適量
焼いた原木椎茸(p.90参照)…適量
小松菜…適量
揚げ油(サラダ油)…適量
A ┌ だし汁…300ml
　│ 薄口醤油…30ml
　└ 酒…50ml

1　水切り豆腐は厚みを半分に切り、高温(190℃)に熱した油で揚げて、油を切る。
2　焼いた原木椎茸は大きめに切り、1の揚げ豆腐と小松菜も好みの大きさに切る。
3　鍋にAと2を合わせて火にかけ、煮浸しにする。

＊揚げてからしばらく経った豆腐を使う場合は、沸騰湯に通して油抜きをしてから使う。

◎ 焼き椎茸、ほうれん草、
　菊花のお浸し

材料
焼いた原木椎茸(p.90参照)、ホウレン草、菊花、酢
　…各適量
八分ずりの胡麻(p.128参照)…適量
だし汁…200ml
薄口醤油…30ml

1　ホウレン草は色よくゆで、水にさらして水気を絞る。
2　菊花は酢水でゆで、水にさらして水気を絞る。
3　焼いた原木椎茸は食べやすい大きさに切る。
4　1、2、3、八分ずりの胡麻を合わせ、だし汁と薄口醤油を合わせた地でお浸しにする。

和食　野菜・きのこ・植物性食品で作る

刻みなめこ

● あんやだし巻きに加えるなど。　● 冷蔵庫で5日。

あらかじめ刻んでおくことにより、すぐに使うことができ、使い方の幅も広がる。

材料
ナメコ … 適量

1　ナメコをゆでてザルにあけ、水気を充分に取った後、包丁で適宜に刻む。
2　深めの保存容器に入れてラップフィルムを表面に密着させてかぶせ（できるだけ空気に触れないようにすると、ゼラチンで寄せたように固まってくる）、保存する。

◎ 刻みなめこと九条ねぎの
　　だし巻き玉子

材料（作りやすい量）
卵 … 3個
だし汁 … 135ml
薄口醤油 … 適量
だし汁で溶いたくず粉 … 大さじ1
刻みなめこ（上記参照）… 40g
九条ネギ（小口切り）… 1本分

割りほぐした卵にその他の材料をすべて加え、サラダ油（分量外）を熱した卵焼き器でだし巻きにする。

＊ナメコのとろみで通常のものより巻きやすくなる。

関口　隆

◎ラム肉 たたきなめこ納豆がけ

材料
ラム肉(塊)… 適量
赤みずのこぶ(*)… 適量
刻みなめこ(p.92参照)… 適量
納豆… 適量
塩、煮切り醤油(p.118参照)、だし汁… 各適量

*赤みずのこぶ:秋口になると赤みず(山菜)の茎に、肥大したこぶ状の実ができる。赤みずの実とも呼ばれる。

1 赤みずのこぶはゆでて、煮切り醤油1:だし汁1の割合で合わせた地に一晩漬ける。
2 刻みなめこに、2割ほどのたたいた納豆を混ぜ合わせ、汁気を切った1を入れて混ぜ、煮切り醤油で味を調える。
3 ラム肉に塩をして表面をあぶり、たたきにする。薄切りにして器に盛り、2をかける。好みでおろしわさび、溶きガラシなど(分量外)を添える。

水切り豆腐

● 煮物、鍋、和え物などに幅広く使える。 ● 冷蔵庫で5日。

豆腐はあらかじめ水気を切って保存しておくと、すぐに使えて便利。

材料(作りやすい量)
木綿豆腐…1丁

1 木綿豆腐1丁を4等分に切る。
2 鍋に水を注ぎ、1の豆腐を入れて火にかける。沸く直前で火を止める。
3 流し缶などを裏返してペーパータオルを敷き、斜めに傾けて2の豆腐を並べ、上にペーパータオルをかぶせて抜き板やトレーをのせ、重石(5kg相当)をのせて6時間おく(夏季なら流し缶の下を氷で冷やしながら)。

＊豆腐をのせるものは、厚めのアルミやステンレスのトレー、まな板、抜き板などなんでもよいが、重石をのせたときにへこんでしまうようなやわらかい材質のものは、その部分が水切りできないので適さない。
＊p.78、p.85、p.89、p.91、p.96、p.98、p.100、p.119の料理にも使用している。

◎ 柿と野菜の白和え
(作り方 p.155)

水切り豆腐を使えば、白和え衣もすぐに作れる。

◎ 豆腐スティック

水切り豆腐(上記参照)をスティック状に切り、高温(190℃)のサラダ油でさっと揚げる。油を切り、塩をふる(好みでコショウ、粉山椒などをふってもよい)。

＊冷めると味が落ちるので、熱々で提供する。

関口 隆

◎豆腐の味噌漬け（作り方p.155）

◎大根、小松菜、揚げ豆腐の炊き合わせ（作り方p.155）

凍らせ豆腐

● 煮物や湯豆腐に。だしで煮て濃口醤油で味つけたあんをかけ、溶きガラシを添える。空也蒸し、マーボー豆腐、うずみ豆腐にも。● 冷凍保存。

重石をかけずに
自然に水切りした豆腐を
冷凍する。賞味期限間近の
豆腐の簡単な保存法。
解凍すると、
豆腐に近い食感になる。

材料(作りやすい量)
木綿豆腐 …1丁

1 木綿豆腐1丁を縦半分に切り、ペーパータオルを敷いた穴開きバットやザルなどにのせ、1時間ほどおいておく(夏季なら冷蔵庫で)。

2 1の水分をふき取り、冷凍庫に6時間以上入れて冷凍する。

＊使用時は自然解凍する。前の晩に冷蔵庫に移しておくと、昼ごろには解凍される。常温で解凍してもよい。アルミ製トレーにのせると早く解凍できる。また急ぐときは、ぬるま湯に浸けてもよい。

◎凍り豆腐2種と焼き椎茸、
焼き昆布の炊き合わせ
(作り方p.155)

上記の凍らせ豆腐と水切り豆腐(p.94参照)で作る一夜豆腐。2種の冷凍豆腐の食感の違いが楽しめる。

関口 隆

炊いたかんぴょう

- かんぴょう巻きの他、おつまみにも。
- 冷蔵庫で2週間。冷凍もできる（小分けにして冷凍しておくとよい）。

かんぴょう巻き以外にも使えるが、そのまま海苔巻きに使える長さにして煮ておくと便利。

材料（作りやすい量）
かんぴょう（乾燥）…150g
濃口醤油…250ml
ザラメ…200g
酒…160ml
塩…適量

1　かんぴょうは海苔の幅よりもやや短めに切り、ボウルに入れて塩でよくもみ、水で洗い流す。
2　1のかんぴょうを水から入れて火にかけ、充分にやわらかくなるまでゆでて、ザルにあけて水気を切る。
3　両手鍋（あおりやすいため）に酒とザラメを合わせて火にかけ、ザラメが溶けたら醤油と2のかんぴょうを入れ、汁をかけながら中火で煮る。汁が少なくなってきたら、鍋をあおりながら汁気がなくなるまで煮る。
4　3を広げて冷ます。

＊p.117の料理にも使用している。

◎ かんぴょう巻き

まきすに半分に切った海苔をのせ、酢飯（p.154参照）を敷いて、炊いたかんぴょう（上記参照）をおき、わさびをきかせて海苔巻きにする。食べやすい大きさに切って皿に盛り、レンコンの甘酢漬け（p.155参照）を添える。

◎ かんぴょう磯辺和え

炊いたかんぴょう（上記参照）を食べやすい長さに切り、手でちぎった焼き海苔、多めのおろしわさびを加えて和える。器に盛り、野菜のなます（p.156参照）を添える。

＊日本酒によく合う。箸休めに。

関口 隆

焼いた昆布

● 通常の昆布と同様にだしや煮物に。また、そのまま箸休めとして。オリーブ油を塗って、ローストトマト（80頁参照）とともにおつまみになど。● 常温で2～3ヵ月。

関口 隆

そのままでも食べられ、
また、酒粕、醤油、甘酢などに
漬けるだけで短時間で
やわらかくなり、
好みの味がつけられる。

材料
昆布…適量

1　昆布の表面を、固く絞った布巾でふく。
2　130～150℃のオーブントースターなどで、約40分ほど、途中でときどき返しながら、焦がさないように焼く。
3　乾燥剤とともに保存容器に入れ、常温で保存する。

＊だしや煮物に使うときは、通常より味とともに苦みも出やすいので、量を1/4ほどに減らし、煮出す時間も短くする。
＊p.79、p.82、p.96、p.117の料理にも使用している。

◎ いかの細造り
（作り方p.156）

梅酢漬けの豆腐、煮切り醤油に漬けた焼いた昆布、焼き昆布塩を添え、いろいろな味と合わせてイカを食べていただく趣向。

海苔の佃煮

● そのままご飯にのせて。和え物などにも。
● 冷蔵庫で1ヵ月。

身近な板海苔を使って
簡単に作れる。
使いかけで、少ししけった
海苔を使ってもよい。

材料（作りやすい量）
板海苔…10枚
濃口醤油…100ml
みりん…100ml

1　板海苔はちぎる。
2　鍋に1と醤油、みりんを合わせて中火にかけ、焦げないように混ぜながら、汁気がなくなるまで5～6分煮る。

◎ 焼き魚の海苔おろし添え

大根おろしの水気を軽く絞り、海苔の佃煮（上記参照）を加えて和える。すだち（輪切り）とともに焼き魚（好みのもの）に添える。

◎ 刺身海苔和え

材料
刺身（マグロ、白身魚、イカなど好みのもの）、海苔の佃煮（上記参照）、わさび（すりおろし）…各適量

刺身は5mm～1cm角に切り、海苔の佃煮で和える。器に盛り、おろしわさびを添える。

吉岡英尋

蒸し蕎麦の実

● 魚の蕎麦の実蒸し（156頁参照）。揚げイチジクのあんかけ。胡麻豆腐やオムレツ、あんみつ、スープの具に。冷たい蕎麦汁とともに。炊き込みご飯になど。● 冷蔵庫で6日。

関口 隆

野菜、米、豆などのように使え、食感が楽しめる。あんにとろみをつけるのにも便利。

材料
蕎麦の実、塩… 各適量

1 蕎麦の実をざっと洗い、20分ほど水に浸しておく。
2 1を大きめの鍋に入れて多めの水を加え、火にかける。沸いたら中火にし、15〜20分ゆでてザルにあけ、水で洗う。
3 穴開きバットなどにサラシを敷き、2の蕎麦の実を入れる。蒸気の立った蒸し器に入れ、途中で2度ほど塩水をかけながら15分ほど蒸す。
4 3を広げて冷ます。

＊p.83、p.105、p.119の料理にも使用している。

◎ 蕎麦の実入り、のしきりたんぽ鍋

材料
水切り豆腐(p.94参照)… 適量
揚げ油(サラダ油)… 適量
鶏丸(作りやすい量)
　鶏挽き肉の時雨煮
　　(p.114参照)… 200g
　鶏挽き肉… 200g
　酒… 30ml
　田舎味噌… 20g
　卵… 1個
　粉山椒… 適量
　玉ネギ(みじん切り)… 1/2個分
　片栗粉… 適量

長ネギ(白い部分)… 適量
マイタケ… 適量
醤油… 適量
セリ… 適量
蕎麦の実入りのしきりたんぽ
　(作りやすい量)
　白飯… 1合分(約300g)
　塩水… 適量
　蒸し蕎麦の実
　　(上記参照)… 70g

A ┌ だし汁… 適量
　│ 醤油… 適量
　│ みりん… 適量
　└ 砂糖(好みで)… 適量

＊鍋だしの割合の目安は、だし汁16〜18：醤油1：みりん1。

1　水切り豆腐を更に4等分に切り、高温の油で揚げる。
2　鶏丸：鶏挽き肉の時雨煮をすり鉢に入れてすり、同量の生の鶏挽き肉を加えて合わせる。酒、田舎味噌、卵、粉山椒を加えてよくすり混ぜる。
3　玉ネギのみじん切りに片栗粉をまぶし、2に入れて混ぜる。適当な大きさに丸め、沸騰湯に落として団子にする（または油で揚げる）。
4　長ネギは食べやすい長さに切り、焼きネギにする。マイタケは、醤油を加えた湯でゆでる。セリは3cm長さに切る。
5　蕎麦の実入りのしきりたんぽ：炊いた白飯をすり鉢に入れ、すりこぎを塩水でぬらしながら打ちつぶし、3割ほどの蒸し蕎麦の実を加えて混ぜる。のし餅のようにのばし、200〜250℃のオーブントースターで10分焼いた後、食べやすい大きさの角切りにする。
6　鍋にAを合わせて熱し、1、3、4、5を入れて煮る。

＊きりたんぽに蕎麦の実を加え、竹輪にせずのし餅風にした。
＊鶏挽き肉は、あらかじめ火を通したものを半分加えるので、加熱しても縮まず、また、油で揚げても油が汚れにくい。

魚介で作る

鮭フレーク

● お茶漬け、チャーハン、おにぎりの具になど。　● 冷蔵庫で1週間。

鮭の切り身を使って作る、自家製の鮭フレーク。いろいろ使えてとても便利。甘塩鮭で作るときは、味噌の量を調整する。

材料（作りやすい量）
生鮭（切り身）…400g（100g×4枚）
A ┌ 水…200ml
　├ 日本酒…100ml
　└ 味噌…80g
ゴマ油…小さじ1
白煎りゴマ…大さじ2
一味唐辛子…適量

1　Aを鍋に入れて混ぜ合わせ、鮭の切り身を入れて中火にかける。沸いてから7〜8分煮たら火を止め、ペーパータオルをかぶせて、冷めるまで1時間ほどおく。
2　1から鮭を取り出し、皮と骨をはずし、身を粗くほぐす。
3　フライパンにゴマ油をひいて、2の鮭の身を入れて3分ほど炒め、煎りゴマ、一味唐辛子を加える。

◎鮭茶漬け

材料（1人分）
ご飯…茶碗1杯
鮭フレーク（上記参照）…20g
A ┌ ミツバ、刻み海苔、ぶぶあられ、
　└ わさび（すりおろし）…各適量
だし汁…90ml
薄口醤油…大さじ1/2

1　器にご飯を盛り、鮭フレークとAをのせる。
2　だしと薄口醤油を合わせて沸かし、1にかける。

吉岡英尋

いわし梅煮

● 惣菜としても、酒の肴にも。● 冷蔵庫で1週間。

生のままだと日持ちのしないイワシは、新鮮なうちに火を入れておく。梅煮なら、最後までさっぱりと食べられる。

材料(作りやすい量)
イワシ(中)…5尾
A
- 水…400ml
- 日本酒…200ml
- みりん…100ml
- 濃口醤油…50ml
- 梅干し(崩して種ごと)…3個
- 昆布…5cm×5cm
- 生姜(薄切り)…1カケ分

1 イワシは三枚におろす。
2 Aの材料を鍋に合わせて火にかける。沸いたら1のイワシを1枚ずつ、なるべく重ならないように入れる。
3 アクを取り、ペーパータオルなどで落とし蓋をして、10分ほど弱火で煮る。煮汁ごと保存する。

煮汁とともに器に盛る。

吉岡英尋

鯛のアラのほぐし身

● 鯛飯、実山椒煮、冷汁などに。● 冷蔵庫で5日(冷めるとゼラチン質によって固まる)。冷凍もできる。

鯛をおろした際に出る
中骨などについた身は、
むだにせず
上手に利用したい。

材料
鯛のアラ(刺身用に鯛をおろした際に
　出る、身のついた中骨その他)
　　　…適量
塩…適量

1　鯛のアラに軽く塩をして、焦げ目をつけないように焼く。
2　温かいうちに骨を取り除いて身をほぐし、密閉容器に入れる。

＊骨はだしに使用する。
＊p.117の料理にも使用している。

◎鯛汁かけ飯
　(作り方p.156)

細切りにした錦紙玉子やキクラゲなどとともにご飯にのせ、鯛の骨を加えて作ったかけ汁をかける。

関口 隆

◎ 冷汁飯

材料(4〜5人分)
焼き味噌
　┌ 八分ずりの胡麻(p.128参照)…適量
　│ 鯛のアラのほぐし身(っ.104参照)…100g
　└ 味噌…300g(鯛の身の3〜5倍量)
キュウリ…1本
豆腐(木綿でも絹漉しでもよい)…1丁
みょうが…5個
ナスの漬け物(あればぬか漬け)…1本
シソの葉…5枚
米…1.5合
蒸し蕎麦の実(p.100参照)…適量(米の量の1割)
だし汁…適量

1　焼き味噌：八分ずりの胡麻をすり鉢に入れて更にすり、鯛のアラのほぐし身を入れてよくする。

2　1に、鯛の身の3倍量ほどの好みの味噌を加えてすり混ぜ、鍋の蓋、またはアルミホイルなどに広げて天火またはガスの火であぶり、焼き味噌にしておく。

3　キュウリは薄い小口切りにし、豆腐は手で適宜にちぎり、みょうがは薄切りにする。ナスの漬け物は縦半分に切った後、薄切りにする。シソの葉は細切りにする。

4　洗った米に蒸し蕎麦の実を加えて、ご飯を炊いておく。

5　2の焼き味噌にだし汁(または水)を加えて溶き、好みの味にのばす。3の具と氷を入れて器に入れる。4のご飯を茶碗に盛って添える。冷たい汁をご飯にかけて食べる。

＊冷たい汁なので、通常の味噌汁より濃いめの味つけで。

するめいか（胴とワタ）

● 塩辛ややわた焼きに。がごめ昆布と細切りのイカを、倍量のだしで割った煮切り醤油（118頁参照）で和えて、松前漬けに。ワタをもろみ味噌に3日以上漬けて酒の肴、ご飯のとも、お茶漬けになど。● 冷蔵庫で3日。冷凍もできる。

秋から冬にかけて北の海でとれる、ワタの詰まったスルメイカの胴とワタは、このようにして保存している。
塩辛など、使用する日にちから逆算して仕込んでおく。

材料
スルメイカ（胴の身とワタ）… 適量
濃口醤油、塩 … 各適量

1 イカはさばき、胴、ワタ、エンペラ（耳）、ゲソ（足）に分ける（エンペラとゲソについてはp.108参照）。
2 胴は軟骨を取り除き、皮をむく。水洗いした後、少量の醤油をかけ、余分な水分を切る。ワタは強塩（表面が白くなるくらいにまんべんなく塩をふること）をし、ザルにのせて冷蔵庫で2日おいた後、水洗いする。
3 2をそれぞれピチットシートに挟んで保存する。

◎いかの塩辛

材料
スルメイカの胴とワタ（ピチットシートに挟んでおいたもの。上記参照）… 適量
酒、塩、醤油 … 各適量

1 イカのワタは、裏漉しておく。
2 イカの胴の身を細切りにし、酒を少量加えて混ぜ、1のワタで和える。保存容器に入れ、毎日かき混ぜながら塩、醤油、酒で味を調える。
3 器に盛り、一味唐辛子、柚子皮、陳皮など（各分量外）を好みで添える。

＊作ったその日から食べられ、3日めごろから熟ワタ味になる。毎日かき混ぜ、10日ほど保存できる。多めに作れば更に日持ちする。

関口 隆

◎ いかの共わた焼き

材料
スルメイカの胴とワタ（ピチットシートに挟んで
　おいたもの。p.106参照）… 適量
卵黄 … 適量（ワタの1/4量）
濃口醤油 … 少量
あしらい
　┌ 長ネギ（白い部分）… 適量
　├ 合わせ酢（p.120参照）… 適量
　└ 赤唐辛子（小口切り）… 少量

1　イカのワタを裏漉し、その1/4量の卵黄を加えて混ぜる。味を見て、濃口醤油少量で味を調える。
2　イカの胴の身の表側に、鹿の子に包丁目を入れ、串を打ち、両面をあぶるように焼く。表側に1を3回塗りながら焼き上げる。
3　あしらい：水に浸けてほどよく辛みを抜いた赤唐辛子を、合わせ酢に入れておく。
4　長ネギ（白い部分）は5cm長さに切って焼き、3に漬ける。
5　2のイカを食べやすい大きさに切って器に盛り、4を添える。

するめいか（ゲソとエンペラ）のソース漬け

● 焼いておつまみに。麺の具などに。
● 冷蔵庫で3日。冷凍もできる。

ソース焼きそばの具としても
なじみがあるように、
イカはソース味とも相性がよい。
臭み消しにもなる。

材料
スルメイカのゲソ（足）とエンペラ（耳）
　　… 各適量
ウスターソース … 適量

1　イカのゲソは吸盤を取り除く。エンペラは皮をむく。
2　1をウスターソースに30分ほど漬けておく。
3　2をソースから取り出し、ピチットシートに挟んで保存する。

◎ いかゲソのソース干し

ピチットシートに挟んでおいたスルメイカのゲソとエンペラ（上記参照）を、天火であぶる。食べやすく切り分けて器に盛る。好みで一味唐辛子、コショウなどをふってもよい。

関口 隆

いかの昆布締め

刺身と同様にそのまま食べる他、納豆和えにしたり、海鮮サラダの具にするなど。●冷蔵庫で3日。

素材の余分な水分を除き、昆布の風味をほんのりとのせる昆布締めに。

材料
イカ（刺身用むき身）…適量
昆布…2枚

1　イカは表面に3mm幅で切り込みを入れた後、細切りにする。
2　1を2枚の昆布で挟み、軽く重石をして冷蔵庫に3時間おいて締める。
3　2のイカを昆布からはずし、容器に入れて保存する。

◎いか酒盗和え

材料（1人分）
いかの昆布締め（上記参照）
　…30g
カツオの酒盗…5g

いかの昆布締めを酒盗で和えて、器に盛る。

吉岡英尋

いかの時雨煮
（しぐれ）

● そのまま食べる他、炒め物などの具材に。
● 冷蔵庫で5日。

イカは生のままだと傷みやすい。料理に使って残ってしまったものや、余ったゲソやエンペラの部分は、煮ておくと日持ちがする。

材料（作りやすい量）
イカ…1パイ
A ┌ 生姜（薄切り）…1カケ分
　├ 水…200ml
　├ 日本酒…100ml
　├ 濃口醤油…50ml
　├ みりん…50ml
　└ 砂糖…大さじ1

1　イカは掃除して一口大に切る。
2　Aを鍋に合わせて沸かし、1のイカを入れて中火で3〜4分煮る。
3　火を止めて、自然に冷めるまでおく。

◎ いかとオクラのバター炒め

材料（1人分）
いかの時雨煮（上記参照）…50g
オクラ…2本
無塩バター…5g

1　オクラはヘタを取り、斜め切りにする。
2　フライパンにバターと1のオクラを入れて炒める。火が入ったら、いかの時雨煮と大さじ1の煮汁を加え、軽く混ぜて火を止める。

吉岡英尋

◎ いか焼きそば

材料（1人分）
焼きそば麺…1玉
いかの時雨煮（p.110参照）…50g
キャベツ（ざく切り）、玉ネギ（薄いくし形切り）、
　　ニンジン（拍子木切り）…各適量
サラダ油…大さじ1
濃口醤油…大さじ1/2

1　フライパンにサラダ油をひき、キャベツ、玉ネギ、ニンジンを入れてさっと炒める。
2　1に焼きそばの麺を入れ、麺に焼き色がついたら、いかの時雨煮と大さじ3の煮汁を加え、炒め合わせる。
3　醤油を加え、火を止める。

肉・卵で作る

牛もも肉の治部煮

● そのまま食べる他、麺や丼の具材にも。　● 冷蔵庫で3日。

牛肉に片栗粉でコーティングしているため、煮汁に漬けても旨みが逃げない。

材料(作りやすい量)
牛モモ肉(スライス)…150g
A ┌ 水…400ml
　├ 濃口醤油…100ml
　├ みりん…100ml
　└ 日本酒…100ml
片栗粉…適量

1　牛肉にまんべんなく片栗粉をまぶし、よけいな粉を落とす。
2　Aを鍋に合わせて沸かし、1を1枚ずつ入れていく。肉に火が通ったら煮汁ごと容器に移して冷ます。

＊食べるときに、好みで一味唐辛子、粉山椒などをふる。

◎ 牛肉の治部煮と揚げなすの蕎麦

材料(1人分)
蕎麦(乾燥)…1束
牛もも肉の治部煮(上記参照)…3枚
なすのオランダ煮(p.84参照。一口大に切る)
　…1/2本分
蕎麦つゆ…適量
ミツバ…少量
一味唐辛子(好みで)…少量

1　蕎麦つゆに、牛肉の治部煮の煮汁となすのオランダ煮の煮汁を各少量ずつ加えて熱する。
2　蕎麦をゆでてザルにあけ、冷水で冷まして軽くぬめりを取る。水気を切って新たな湯で再びさっと温め、水気を切って器に入れる。
3　2に1のつゆを注ぎ、食べやすく切った牛肉の治部煮となすのオランダ煮をのせて、ミツバを添え、好みで一味唐辛子をふる。

吉岡英尋

鶏胸肉の甲州煮

- 惣菜としても、酒の肴にも。
- 冷蔵庫で1週間。

和風の赤ワイン煮。ちょっと気のきいたおつまみになる。自然に冷ました作りたてもおいしい。一度冷蔵庫で冷やしたものは、切った後にさっとあぶるとやわらかくなる。

材料（作りやすい量）
鶏胸肉…2枚
A ┌ 玉ネギ（薄切り）…1個分
  │ 赤ワイン…300ml
  │ 濃口醤油…200ml
  └ みりん…100ml

1　鶏胸肉は、フライパンで皮目を3〜4分、色よく焼く。
2　Aを鍋に合わせて沸かし、1の鶏肉を入れて中火で2分煮る。
3　火を止めてアルミホイルで蓋をし、自然に冷めるまでおく。保存する場合は、煮汁に漬けたまま保存する。

食べやすい厚さに切り分けて、一緒に漬けていた玉ネギとともに器に盛り、溶きガラシを添える。

吉岡英尋

鶏挽き肉の時雨煮

● 丼や麺の具材として。煮物、コロッケなどにも。 ● 冷蔵庫で1週間。

傷みやすい挽き肉は、
味をつけて火を通しておくと、
日持ちがし、
すぐに使えて便利。
牛挽き肉、豚挽き肉でも
同様に作れる。

材料（作りやすい量）
鶏挽き肉…400g
酒…60ml
みりん…120ml
濃口醤油…60ml
生姜（みじん切り）…30g（多め）

1 大きめの鍋（またはフライパン）に調味料と生姜を入れて沸かし、鶏挽き肉を入れて、束ねた菜箸などで混ぜながら煎る。
2 火が通ったら、バットなどに広げて冷ます。

＊p.100の料理にも使用している。

◎じゃがいも鶏そぼろ

材料
ジャガイモ（インカのめざめ）、鶏挽き肉の時雨煮（上記参照）、塩、無塩バター、コショウ（好みで）…各適量

1 ジャガイモは皮をむき、4つ割にし、塩をひとつまみ加えた湯でゆでる。
2 火が入ったら湯を捨て、ジャガイモの入った鍋を火にかけて水分を飛ばし、粉吹きイモにする。仕上がる少し手前で無塩バターを加え、鶏挽き肉の時雨煮を入れて混ぜる。好みでコショウをふる。

関口 隆

◎じゃがいもと鶏挽き肉のコロッケ（作り方p.156）
じゃがいも鶏そぼろ（p.114参照）を使って作る簡単コロッケ。

◎冷やし五目素麺（作り方p.157）
常備してある材料で作れる、夏にぴったりの麺。

錦紙玉子

● 散らし寿司の他、さまざまな料理に。
● 冷蔵庫で5日。冷凍もできる。

作って冷凍しておくと、とっさのときに便利。大きいまま保存しておいたほうが、使い方の幅が広い。

材料（作りやすい量）
卵…7個
薄口醤油…8ml
日本酒…5ml
酢…3滴

＊甘くする場合は、上記に砂糖20gを加える。

1 すべての材料を合わせて漉し、サラダ油（分量外）を熱した玉子焼き器で薄焼き卵を焼く。
2 間にペーパータオルを挟みながら保存容器に重ねて入れ、保存する。

＊ペーパータオルを挟むのは、焼いたときの油を吸い取るため。
＊p.104、p.115の料理にも使用している。

◎ だて巻き

材料
錦紙玉子（上記参照）、白板昆布、白身魚、甘酢生姜（市販）…各適量
酢、塩、甘酢（p.120参照）、合わせ酢（p.120参照）、だし汁…各適量

1 やや厚めに焼いた錦紙玉子を、ラップフィルムを敷いたまきすにのせ、酢水でふいた白板昆布をのせる。
2 ひと塩の白身魚の身を甘酢で洗い、汁気を取って1にのせ、甘酢生姜を芯にして巻き、輪ゴムでとめる。冷蔵庫に15時間おく。
3 2を食べやすい厚さに切って器に盛り、合わせ酢3：甘酢1：だし汁2の割合で合わせてかける。

関口 隆

◎ 夏の散らし寿司

材料

酢飯（p.154参照）… 適量

みょうが、キュウリ、焼いた昆布（p.98参照）、鯛のアラのほぐし身（p.104参照）、八分ずりの胡麻（p.128参照）、錦紙玉子（p.116参照）、炊いた干し椎茸（p.89参照）、炊いたかんぴょう（p.97参照）、甘酢生姜（市販）、海苔、合わせ酢（p.120参照）、甘酢（p.120参照）、塩 … 各適量

1 みょうがは縦半分に切ってゆで、甘酢に漬けた後薄切りにする。キュウリは薄い小口切りにし、塩水に浸けた後絞り、合わせ酢で洗って汁気を切り、八分ずりの胡麻をまぶす。焼いた昆布は甘酢に一晩漬けた後、色紙に切る。鯛のアラのほぐし身は甘酢で洗う。錦紙玉子は色紙に切る。

2 炊いた干し椎茸と、炊いたかんぴょう、甘酢生姜は刻み、酢飯に混ぜる。

3 2の酢飯と手でちぎった海苔、1の具を彩りよく盛り付ける。

調味料

煮切り醤油

● 魚の漬けだれ（幽庵焼きなど）に、握り寿司にひと刷毛塗るなど、おもに常温で使う合わせ調味料に使用する。● 冷蔵庫で10日。

濃口醤油とみりんを合わせた便利調味料。みりんのアルコールを飛ばしてあるので、すぐに使える。

材料
濃口醤油、煮切りみりん
　…各適量

濃口醤油10：煮切りみりん4の割合で合わせてひと煮立ちさせ、冷ます。

＊常備してある煮切りみりんを使えば、長く火にかける必要はない。
＊煮切り酒、煮切りみりんも常備しておくと便利。煮切り酒は10日、みりんは20日で使い切るのが目安。

◎いくら醤油漬け　大根の粕漬け添え

材料
スジコ…適量
塩、濃口醤油…各適量
A ┌ 煮切り醤油（上記参照）…50ml
　│ 煮切り酒…30ml
　└ ＊ほぐしたスジコの10％量。
大根の粕漬け（p.154参照）…適量

1　生のスジコを、手を入れられるくらいのぬるま湯に入れてほぐした後、海水ほどの塩水で洗う。水を何度か替えながら掃除した後ザルにあけ、ほぐしたスジコの10％ほどの量の濃口醤油に漬ける。30分ほど経ったらザルにあけ、Aを合わせた中に一晩漬ける。
2　1を器に盛り、大根の粕漬けをあられに切ってのせる。

＊魚屋でも、スジコをほぐしてくれる。また、ほぐしたイクラも購入できる。

関口 隆

◎ まぐろと豆腐の漬けの山かけ

材料
マグロ（刺身用の赤身のサク）… 適量
水切り豆腐（p.94参照）… 適量
モロヘイヤ… 適量
長イモ… 適量
煮切り醤油（p.118参照）… 適量
だし汁… 適量
塩… 少量
蒸し蕎麦の実（p.100参照）… 適量
わさび（すりおろし）… 適量

1　マグロは、80℃の湯に通して霜降りし、氷水にとって締め、ペーパータオルで水分をよく取る。
2　煮切り醤油を染み込ませたペーパータオルで、1のマグロと水切り豆腐をそれぞれ巻き、更にラップフィルムで覆って冷蔵庫に入れる。マグロは半日でペーパーをはずし、豆腐はそのまま一晩おく。
3　モロヘイヤはゆでて水気を絞り、煮切り醤油を3倍量のだしで割ったもので洗い、絞る。
4　長イモは皮をむいて包丁で細かくたたき、塩をひとつまみ加え、蒸し蕎麦の実と混ぜ合わせる。
5　2のマグロと豆腐、3のモロヘイヤを食べやすい大きさに切り分けて器に盛り、4をかけ、天におろしわさびを添える。

甘酢

- レンコン、みょうが、大根、ニンジン、生姜、カブなど甘みを加えたい酢の物に。
- 冷蔵庫で1ヵ月。

関口 隆

甘みを加えた合わせ酢。
甘みを加えて作りたい酢の物に。

材料
酢、グラニュー糖、塩 … 各適量
昆布 … 10cm角1枚

水7：酢4：グラニュー糖1の割合で合わせ、塩ひとつまみ、昆布を加えて火にかけ、ひと煮立ちさせる。冷ます。

＊大根とニンジンのなます、菊花かぶら、大かぶらや大根の桂むきなどは、塩水に浸けて絞った後に甘酢漬けに。みょうが、生姜、レンコンなどはさっとゆでてザルにあげ、薄塩をあてた後に甘酢漬けに。

合わせ酢

- ワカメ、塩水に浸けたキュウリ、酢締めの魚、焼いた魚など、甘みを加えたくない酢の物などの料理に。
- 冷蔵庫で14日。

関口 隆

甘みを加えたくない料理にこのまま使える。
甘みを加えたいときは、これと甘酢を合わせるとよい。

材料
だし汁、酢、濃口醤油、薄口醤油
　　… 各適量

だし汁6：酢4：濃口醤油1：薄口醤油1の割合で合わせる。

◎ もずく酢（作り方p.157）

生姜酢

- さまざまなお浸し、酢の物に。
- 冷蔵庫で1週間。

生姜の風味が爽やかな、野菜や魚介によく合う合わせ酢。

材料（作りやすい量）
- A
  - だし汁…200ml
  - 薄口醤油…20ml
  - 米酢…20ml
  - みりん…20ml
- 生姜（すりおろし）…5g

1　鍋にAの材料を合わせてひと沸かしし、冷ましておく。
2　冷めたらおろし生姜を加える。

◎ トマト酢浸し

ミニトマトのヘタを取って皮を湯むきし、生姜酢（上記参照）に2時間以上漬けておく。

◎ いかとわかめの酢の物 （作り方p.157）

吉岡英尋

梅だれ

● 白身魚の刺身のつけだれに。海鮮サラダのドレッシング代わりになど。● 冷蔵庫で1ヵ月。

塩分と酸味は梅干しのもののみなので、普段食べている好みの梅干しを使うとよい。

材料（作りやすい量）
日本酒…100ml
水…100ml
みりん…50ml
昆布…5cm×5cm
梅干し…3個

梅干しは種を取り除き、実をつぶす。すべての材料を鍋に合わせてひと煮立ちさせる。

◎ 冷奴　梅だれがけ

豆腐を適宜に切り分けて器に盛り、梅だれ（上記参照）をかける。

吉岡英尋

納豆だれ

● 刺身のつけだれに。白身の他、カツオやブリ、他の青魚などクセのあるものにも合う。焼き魚や唐揚げにかけてもよい。
● 冷蔵庫で1週間。

納豆の香りも穏やかになるので、使い方の幅が広がる。

材料（作りやすい量）
濃口醤油…100ml
日本酒…100ml
納豆…50g
溶きガラシ…大さじ1

1　醤油と日本酒を合わせてひと煮立ちさせ、容器に移す。
2　1が冷めたら、包丁で細かくたたいた納豆と溶きガラシを入れて、よく混ぜる。

◎冷奴と刺身の納豆だれがけ

豆腐を適宜に切り分けて器に盛り、刺身（マグロ、鯛など）をのせ、納豆だれ（上記参照）をかける。

吉岡英尋

焼きだれ（魚用）

● 魚介の焼きだれや漬けだれに。　● 冷蔵庫で1ヵ月。

柚子の香りを加えた、魚によく合う焼きだれ。

材料（作りやすい量）
濃口醤油…100ml
みりん…50ml
日本酒…50ml
柚子（薄い輪切り）…1個分

すべての材料を合わせて一晩冷蔵庫においた後、柚子を取り除く。

◎ 金目鯛漬け焼き

材料（1人分）
金目鯛（切り身）…1切れ（70g）
焼きだれ（魚用。上記参照）…適量
すだち（輪切り）…1枚

1　金目鯛の切り身を、焼きだれに30分漬けておく。
2　1を焼いて器に盛り、焼きだれをかけ、すだちを添える。

吉岡英尋

◎漬け丼

材料
マグロ（刺身用）、白身魚（刺身用。鯛など）、イカ（刺身用。表面に斜めの切り込みを入れておく）、焼きだれ（魚用。p.124参照）、イクラの醤油漬け（p.118参照）、大葉、柚子皮、ご飯…各適量

1　マグロ、白身魚、イカは、それぞれ食べやすい大きさに切り、焼きだれに10分ほど漬けておく。
2　器にご飯を盛り、1の魚介と大葉、イクラの醤油漬けをのせる。柚子の皮をすりおろしてふる。

焼きだれ（肉用）

- 肉の焼きだれ。鶏の唐揚げの下味。肉野菜炒めになど。
- 冷蔵庫で1ヵ月。

玉ネギやニンニクを加えた、
肉に合う焼きだれ。
牛、豚、鶏など
どんな肉にも使える。

材料（作りやすい量）
濃口醤油…100ml
日本酒…100ml
玉ネギ（すりおろし）…中1個分
ニンニク（すりおろし）…1カケ分（5g）
砂糖…大さじ1

すべての材料を鍋に合わせ、ひと煮立ちさせる。

◎ 豚生姜焼き

材料（1人分）
豚肉（生姜焼き用）…100g
焼きだれ（肉用。上記参照）…大さじ2
生姜の絞り汁…少量
サラダ油…少量
キャベツ（せん切り）…1枚分
マヨネーズ…適量

1 サラダ油をひいたフライパンに豚肉を入れ、両面を焼きつけた後、焼きだれを加えてさっとからめ、生姜の絞り汁を加える。
2 1を一口大に切って器に盛り、キャベツとマヨネーズを添える。

吉岡英尋

◎ 和風ステーキ

材料(1人分)
牛ロース肉(ステーキ用)…1枚(120g)
焼きだれ(肉用。p.126参照)…大さじ2
サラダ油…少量
大根おろし(軽く水気を絞る)…適量
すだち(輪切り)…1枚

1 サラダ油をひいたフライパンに牛肉を入れ、好みの加減に両面を焼きつけた後、焼きだれを加えてからめる。
2 1を食べやすい大きさに切って器に盛り、焼きだれをかける。大根おろしとすだちを添える。

八分ずりの胡麻

● 野菜の胡麻和えや胡麻酢和え、たたきゴボウ、甘辛く炊いたイワシにまぶすなど。● 冷蔵庫で10日。

ゴマはすったものを用意しておくと、ちょっとしたときにすぐに使えて便利。和え物に使うと、ペーストのゴマより軽い仕上がりになる。

材料
白煎りゴマ … 適量

白煎りゴマをすり鉢で八分ずりにする。

＊p.91、p.104、p.105、p.115、p.117の料理にも使用している。

◎ 粟麩鍬焼き、利久和え

材料（作りやすい量）
粟麩 … 1本
片栗粉（または小麦粉、コーンスターチなど）、
　サラダ油 … 各適量
A ┌ 酒 … 30ml
　├ みりん … 50ml
　└ 濃口醤油 … 25ml
八分ずりの胡麻（上記参照）… 適量

1　粟麩を一口大に切り、片栗粉をつけ、サラダ油をひいたフライパンに入れて両面を焼く。
2　1のフライパンの余分な油をペーパータオルなどでふき取り、Aを加えて粟麩にからめる。水分がなくなるまで煎った後、八分ずりの胡麻をまぶす。

関口 隆

中華

井桁良樹（中国菜 老四川 飄香）

魚介・肉で作る

ゆでえび（塩水蝦）
（イェンスイシャ）

● 好みのたれをかけて前菜やおつまみに。　● 冷蔵庫で2日。

塩ゆでしたエビを、ネギや生姜で香味をつけた塩水に浸けて保存する。
味が入っているので、そのままおいしく食べられる。

材料（作りやすい量）
車エビ…8本
塩…適量
（塩水）A
- 水…500ml
- 塩…7.5g
- 紹興酒…大さじ1
- 長ネギ…1/2本分
- 生姜…1カケ
- 花椒（中国山椒）…5粒
  （ホワジャオ）

1　Aを合わせて沸かし、冷ましておく。
2　車エビは殻付きのまま竹串で背ワタを取り、1％ほどの塩を加えた湯で火が入るまでゆでる。
3　火が入ったらすぐにエビを取り出し、氷水にあてた1の塩水に入れて冷やす。

◎ ゆでえび　生姜ソースがけ

材料（1〜2人分）
ゆでえび（上記参照）…3〜4本
生姜ソース（作りやすい量）
- 醤油…大さじ1
- 黒酢…大さじ1
- ゴマ油…小さじ1
- 生姜（すりおろし）…大さじ1
- 砂糖…小さじ1
- ラー油…小さじ1
- 花椒粉（中国山椒の粉）…少量
  （ホワジャオフェン）

＊すべての材料を混ぜ合わせる。

ゆでえびは頭と尾を残して殻をむき、器に盛る。生姜ソースをかけ、香菜（分量外。あれば）を飾る。

井桁良樹

◎ ゆでえび マスタードソースがけ

材料（1〜2人分）
ゆでえび（p.130参照）…3〜4本
マスタードソース（作りやすい量）
- 塩…小さじ1/4
- 砂糖…大さじ1½
- 米酢…大さじ3
- ゴマ油…小さじ1
- マスタード…大さじ1強

＊すべての材料を混ぜ合わせる。

ゆでえびは頭と尾を残して殻をむき、器に盛る。マスタードソースをかけ、香菜（分量外。あれば）を飾る。

ゆで鶏（白鶏 バイヂィ）

● いろいろなソースをかけて前菜に。棒棒鶏にも。● 冷蔵庫で3日。

ゆで汁に浸けたまま余熱で火を入れることにより、しっとりと仕上がる。

材料（作りやすい量）
骨付き鶏モモ肉…1本
A ┌ 水…2ℓ
  │ 塩…30g
  │ 紹興酒…小さじ4
  │ 長ネギ（青い部分）…1本分
  │ 生姜…1カケ
  └ 花椒（中国山椒 ホワジャオ）…10粒

1 深鍋にAを入れて火にかけ、沸いたら鶏モモ肉を入れる。弱火で5分煮たら火を止め、蓋をして25分蒸らす。
2 1から鶏肉を取り出して冷ます。煮汁も冷ましておく。
3 冷めた煮汁に鶏肉を浸けて保存する。

＊骨付き肉を使ったほうが、身が縮まないのでよい。

◎ ねぎ鶏

材料（2人分）
ゆで鶏（上記参照）…1本
ねぎソース（p.142参照）…適量

1 ゆで鶏は、骨付きのまま2cm幅に切る。
2 1を皿に盛り、ねぎソースをかける。

＊骨付きのまま切るのが難しければ、骨を抜いてから切ってもよい。

井桁良樹

◎ 棒棒鶏(バンバンヂィ)

材料(2人分)
ゆで鶏(p.132参照)…1本
キュウリ(薄切り)…1/2本分
長ネギ(細切り)…20g
たれ
A ┌ サラダ油…大さじ4
  │ 豆板醤…小さじ2
  │ 生姜(みじん切り)…小さじ1
  │ ニンニク(みじん切り)…小さじ1
  │ 干しエビ(戻したもの*。みじん切り)…小さじ2
  └ 豆豉(ドウチ)(みじん切り)…小さじ2

＊干しエビは、ぬるま湯に浸けて少しおいた後、蒸して戻す。
＊豆豉は軽く水で洗い、多めのサラダ油で炒めてそのまま浸しておいたもの。

B ┌ 醤油…小さじ2
  │ 砂糖…大さじ1½
  │ 黒酢…小さじ2
  │ 胡麻ペースト(p.150参照。または市販の芝麻醤)…大さじ2
  │ ラー油…小さじ2
  │ ゴマ油…小さじ2
  │ 花椒粉(ホワジャオフェン)(中国山椒の粉)…少量
  └ 白煎りゴマ…少量
ピーナッツ(油で揚げたもの。またはローストしたもの)…適量
香菜…適量

1 Aを鍋に入れて30秒ほど炒め、油が澄んできたらボウルに移す。常温になったらBを加えて混ぜ合わせ、たれを作る。
2 ゆで鶏は骨を抜き、肉を細切りにする。
3 キュウリ、長ネギ、2の鶏肉を器に盛り合わせ、1のたれをかけてピーナッツを散らし、香菜を添える。

ゆで豚(白肉)
_{パイロウ}

● 回鍋肉や東坡肉(トンポーロウ)など、さまざまな料理に。 ● 冷蔵庫で3日。

四川料理店では、常に仕込んであるもののひとつ。さまざまな料理に使用する。

材料(作りやすい量)
皮付き豚バラ肉(塊*)…1kg
A ┌ 生姜(つぶす)…1カケ
　├ 長ネギ(青い部分)…1本分
　└ 花椒(ホワジャオ)(中国山椒)…5~6粒
紹興酒…適量

*皮付き豚バラ肉が手に入らなければ、皮なしでもよい。

鍋にたっぷりの水とAを入れ、豚バラ肉を入れて火にかける。沸騰しない程度の温度(80~90℃)で50分ゆでる。ラップフィルムで包む、あるいは真空パックなどにして保存する。

*切り口から色が変わったりにおいが移ったりするので、ラップフィルムなどで包んでおく。

◎ 回鍋肉(ホイコーロウ)

材料(2人分)
ゆで豚(上記参照)…80g
葉ニンニク…100g
サラダ油…大さじ2
A ┌ 豆板醤…小さじ1½
　├ 豆豉(ドウチ)…小さじ1強
　│　*豆豉は軽く水で洗い、多めのサラダ油で炒めてそのまま浸しておいたもの。
　├ 甜麺醤(テンメンジャン)…小さじ1/2
　├ 砂糖…ひとつまみ
　├ 紹興酒…小さじ1
　└ 醤油…小さじ1/3

1 ゆで豚は裏の固い部分があれば包丁で切り取って除き、毛は骨抜きなどで抜き取り(皮付き肉の場合)、薄切りにする(8枚使用する)。
2 葉ニンニクは包丁の腹でたたいてから、そぎ切りにする。
3 フライパンにサラダ油を入れて火にかけ、1の肉を広げて入れる。少しカリカリになってきたらAを順に加えて混ぜる。
4 3に2の葉ニンニクを入れて混ぜ合わせる。

井桁良樹

◎ゆで豚のにんにくソース

材料
ゆで豚(p.134参照)、キュウリ
　…各適量
にんにくソース(作りやすい量)
　┌甜醤油(テンジャンユ)(右記参照)…125ml
　│醤油…100ml
　│ニンニク(すりおろし)
　│　…大さじ1/2
　└＊混ぜ合わせる。
ラー油…適量

1 ゆで豚は、薄切りにしてさっと蒸して温める。
2 キュウリは縦に薄切りにする。
3 1を1枚ずつ巻いて、2のキュウリとともに器に盛り付ける。にんにくソースを適量かけ、更にラー油をかける。

甜醤油

材料(作りやすい量)
醤油…200ml
日本酒…100ml
砂糖…130g
長ネギ…20g
生姜…10g
八角…1個
桂皮(ケイヒ)…1カケ
陳皮(チンピ)…8g

すべての材料を鍋に合わせて2/3量まで煮詰める。

スペアリブの香料煮（滷排骨）
ルーパイグゥ

- 粉をつけて揚げ、さまざまなソースやスパイスをからめる。
- 冷蔵庫で5日。

スパイス入りの濃厚なスープで素材を煮ておくことにより、味がしっかりと染み込んでおいしくなり、その後の調理時間も短縮できる。

材料
豚骨付きスペアリブ…適量
滷水（ルースイ）（作りやすい量）
A ┌ 濃厚スープ（*）…5ℓ
  │ 塩…150g
  │ 氷砂糖…50g
  │ カラメル（*）…100g
  │ 紹興酒…100ml
  │ 白酒…50ml
  │ 生姜…1カケ
  │ 長ネギ…1本分
  │ 八角、桂皮（ケイヒ）、ローリエ、
  │ 陳皮（チンピ）、丁字、花椒（ホワジャオ）
  │ （中国山椒）、唐辛子、沙姜（サージャン）、
  │ 砂仁（シャレン）、草果、白蔻（ビャック）
  └ …各少量（*）

＊スパイスはあるものだけでもよい。ガーゼなどに包んでおくとよい。

＊滷水は中華料理の煮込みだれ。中華料理店では常に用意されており、さまざまな素材を煮るのに使いまわす。スペアリブに限らず、鶏肉、牛肉、牛タンなど、何でもこれで煮ることができる。
＊濃厚スープ：鶏ガラスープに豚肉、鴨肉などの塊肉を合わせて煮出し、しっかりと味を抽出した濃いスープ。
＊カラメル（作りやすい量）：
中華鍋にサラダ油小さじ1と氷砂糖100g、大さじ1の水を入れて火にかけ、混ぜる。弱火で熱しながら混ぜ続け、小さな泡が出て、大きな泡に変わってきたところで大さじ4の水を加える（水を加えるタイミングによって、甘い、苦いなどの味の違いが出る）。

1 Aを合わせて沸かし、滷水を作る。
2 骨付きスペアリブは、一度さっとゆでて水気を切る。
3 鍋に1の滷水と2を入れて火にかけ、沸騰させないようにしながら、弱火で50分ほど煮る。火からおろし、冷めるまでそのまま常温においておく。

◎ スパイシースペアリブ
（作り方 p.157）

山椒や唐辛子、コショウなどを加えたスパイス塩を、香味野菜とともにたっぷりからめて。

井桁良樹

◎ 黒酢スペアリブ

材料(2人分)
スペアリブの香料煮(p.136参照)… 150g
片栗粉… 適量
A ┌ 砂糖… 大さじ3½
　├ 醤油… 小さじ1½
　├ 紹興酒… 小さじ1
　├ 黒酢… 大さじ2
　└ 鶏ガラスープ… 大さじ3
サラダ油… 大さじ1
ニンニク(みじん切り)… 小さじ1/3
水溶き片栗粉(片栗粉1:水1)… 小さじ1/2
ゴマ油… 小さじ1/2
揚げ油(サラダ油)… 適量

1　スペアリブの香料煮を、骨付きのまま食べやすい大きさにたたき切り、片栗粉をつける。
2　ボウルにAを合わせておく。
3　深めのフライパンや中華鍋に揚げ油を入れて180℃ほどの高温に熱し、1の肉をひとつずつ入れる。衣全体が固まったら、取り出して油を切る。
4　3の油をあけ、新たに大さじ1のサラダ油を入れ、ニンニクを入れて熱する。香りが立ってきたら2を加えて少し煮詰める。水溶き片栗粉を加えて混ぜ、ゴマ油を加え、3のスペアリブを入れて炒め、味をからめる。

＊調味料を入れてからすぐに片栗粉を加えると、酢のつんとした刺激が残るので、少し煮詰めてから加える。

肉味噌（炸醬(ザァジャン)）

- 麻婆豆腐に。坦々麺の具になど。
- 冷蔵庫で3日。

料理店では、
麻婆豆腐もこの肉味噌を
ベースにして作る。
坦々麺の上にのせるのもこれ。

材料（作りやすい量）
合挽き肉…150g
A ┌ 生姜（みじん切り）…小さじ1/2
　├ 醤油…小さじ1
　└ 紹興酒…小さじ1
甜麺醬(テンメンジャン)…小さじ2
サラダ油…適量

1　合挽き肉に10mlの水を加えておく（ダマになるのを防ぐため）。
2　フライパンにサラダ油を入れ、1の挽き肉を入れて中火で炒める。水分が飛んできたら、更に適量のサラダ油を足して炒め、カリカリになってきたらAを加え、少し揚げるようにして炒める。最後に甜麺醬を加え、火を消して混ぜ合わせる（焦げやすいため）。

◎ 麻婆豆腐（作り方p.157）

あらかじめ作っておいた肉味噌を使えば、短時間でき上がる。

井桁良樹

◎汁なし坦々麺

材料（1人分）
中華麺…130g
肉味噌（p.138参照）…15g
青菜（好みのもの。塩ゆで）…適量
ピーナッツ（ローストしたもの。みじん切り）…小さじ1

A
- 甜醤油（p.135参照）…小さじ1/2
- 醤油…小さじ1½
- 芽菜（*みじん切り。なければ高菜漬けなどで代用）…大さじ1
- ラー油…大さじ1
- 胡麻ペースト（p.150参照。または市販の芝麻醤）…小さじ1
- 花椒粉（中国山椒の粉）…少量
- 鶏ガラスープ…25ml
- ニンニク（みじん切り）…小さじ1/2
- 長ネギ（みじん切り）…小さじ2
- 黒酢…小さじ1/2

＊芽菜：四川省の代表的な漬け物。

1 Aは丼に入れておく。
2 中華麺はゆでて水気を切り、1の丼に入れる。肉味噌、ゆでた青菜、ピーナッツをのせる。

野菜で作る

たたききゅうりの四川香り漬け

● 副菜やおつまみに。　● 冷蔵庫で3日。

鍋で唐辛子や山椒を炒めてから、キュウリを加えて炒め合わせて作る。通常の漬け物より香りがよい。

材料(2人分)
キュウリ…1本
塩…2つまみ
A ┌ サラダ油…大さじ1
　├ 赤唐辛子…3～4本
　└ 花椒(中国山椒)…10粒
生姜(細切り)…5g
B ┌ 醤油…大さじ1/2
　├ 砂糖…大さじ1
　└ 黒酢…大さじ1

1　キュウリは縦二つ割にして包丁の腹でたたいた後、4～5cm長さに切る。塩を加えて軽くもみ、水気を絞っておく。
2　鍋にAを入れてゆっくり炒め、唐辛子が赤黒くなってきたら生姜、1のキュウリを入れて軽く炒め、合わせたBを加えてひと煮立ちさせる。1時間ほどおいてから食べる。

唐辛子や山椒の風味がピリッときいた、パンチのある味。

井桁良樹

大根の醤油漬け 漢方みかんの香り

- 副菜やおつまみに。
- 冷蔵庫で1週間。

大根の歯応えがよく、陳皮の風味が爽やか。

材料(2人分)
大根…160g
塩…小さじ1

A
- 醤油…30ml
- 砂糖…40g
- 紹興酒…50ml
- 黒酢…10ml
- 陳皮(チンピ。細切り*)…4g
- 花椒(ホワジャオ)(中国山椒)…10粒
- 赤唐辛子(輪切り)…適量

＊陳皮はみかんの皮を乾燥させたもの。細切りがなければ、大きい状態の皮を水に浸けて戻してから細切りにするとよい。

1　大根は薄い輪切りにし、塩でもんで30分ほどおいておく。
2　1の塩分を流水で流し、よく水気を取る。
3　Aを混ぜ合わせ、2の大根を漬けておく。1日以上漬けてから食べる。

1枚ずつ重ねて盛り付けても。

井桁良樹

調味料

ねぎソース（葱油 チョンユ）

● イカ、エビ、ホタテなどの貝類や鶏肉の和え物に。● 冷蔵庫で4日。

青ネギに、熱した油をかけて作る、香りのいいソース。

材料（作りやすい量）
青ネギ（ワケギ、万能ネギ。みじん切り）
　　…20g
生姜（みじん切り）…8g
塩…1g
サラダ油…大さじ3

青ネギ、生姜、塩を合わせてステンレス製のボウルに入れ、熱く熱したサラダ油をかける。すぐにボウルを氷水に浸けて、色止めする。

＊サラダ油は煙が出るまで熱し、青ネギにかけたときにジュッと音が出るくらいが、香り高く仕上がる。サラダ油を高温に熱するときは、充分に注意する。
＊p.132の料理にも使用している。

◎ いかのねぎソース和え

材料（2人分）
イカ（ヤリイカ）…1パイ（200g前後）
ねぎソース（上記参照）…上記の量
ピンクペッパー…適量

1 イカは皮をむいてワタを取り除き、片側の表面に格子状の細かい切り目を入れる。食べやすい大きさに切る。
2 1のイカをさっとゆでて水気を切り、ねぎソースで和えて器に盛る。粗くつぶしたピンクペッパーを散らす。

井桁良樹

143 | 中華　調味料

ねぎ山椒ソース（椒麻）
（ジャオマー）

● 蒸したりゆでたりした野菜や魚介、鶏肉などに合う。　● 冷蔵庫で1週間以上。

青ネギに、山椒の風味を
たっぷり加えたソース。
塩を加えることで
保存性が高まる。

材料（作りやすい量）
青ネギ（ワケギ、万能ネギ）…20g
香菜…20g
生姜…10g
青花椒（*）…3g
　チンホワジャオ
塩…10g
青花椒油（*）…50g
ゴマ油…50g

＊青花椒：緑色の中国山椒。赤いものより香りが強い。
＊青花椒油：サラダ油に青花椒を入れてゆっくり加熱し、香りを移した油。

材料をすべて合わせてミルサーにかける。

◎ 里いものねぎ山椒ソース

材料（1人分）
里イモ（大）…1個
ねぎ山椒ソース（上記参照）…大さじ1
鶏ガラスープ（冷たいもの）…大さじ1
米酢…小さじ1

1　里イモを蒸して皮をむき、1cm厚さに切って器に盛る。
2　ねぎ山椒ソースに同量の鶏ガラスープを合わせ、米酢を加え、1にかける。

＊四川の伝統的な料理。

井桁良樹

◎ つぶ貝山椒ソース

材料（1人分）
ツブ貝…2〜3個
葛イモ（またはセロリなど季節の野菜）…適量
A（塩水）
　水…500ml
　塩…7.5g
　紹興酒…大さじ1
　長ネギ…1/2本分
　生姜…1カケ
　花椒（中国山椒・ホワジャオ）…5粒
ねぎ山椒ソース（p.144参照）…大さじ1
鶏ガラスープ（冷たいもの）…大さじ1
米酢…小さじ1

1　Aを合わせて沸かし、冷ましておく。
2　ツブ貝を1に入れ、セイロ（蒸し器）で30分ほど蒸す。
3　2が冷めたら竹串などを使って殻から身を取り出す。
4　皮をむいて細切りにした葛イモとともに3を器に盛る。
5　ねぎ山椒ソースに同量の鶏ガラスープを合わせ、米酢を加え、4にかける。

＊ツブ貝を保存する場合は、蒸した後塩水に浸かった状態のまま保存する（冷蔵庫で3日ほど保存できる）。

干しえび入り豆板醤（金鈎豆板醤）
ジンゴウトウバンジャン

- 野菜、魚介、肉、麺、ご飯など、何にでも合う。棒棒鶏のソースや怪味ソースの調味料としても使える。
- 冷蔵庫で2週間。

井桁良樹

市販の豆板醤は塩辛いものが多いので、他の甘みや旨みをプラスして食べやすく。

材料（作りやすい量）
豆板醤（市販品）…大さじ2
サラダ油…180ml
生姜（みじん切り）…小さじ1
ニンニク（みじん切り）…小さじ1
干しエビ（水に浸けて戻し、みじん切り）
　…大さじ2
酒醸（チューニャン）（*）…大さじ2

＊酒醸：米を米麹によって発酵させて作る、中国の甘味料。

すべての材料を鍋に合わせ、焦げない程度の火加減で、混ぜながらよく炒める。

＊材料が油に浸かっていないと日持ちがしないので、油は多めに加えている。
＊揚げるようにして、香ばしく炒める。

◎ 食卓豆板醤

「食べるラー油」のように、食卓に出しておいていろいろなものにかけて食べる。

◎ 春菊の黒酢サラダ

材料(2人分)
春菊(サラダ用)… 適量
赤玉ネギ(アーリーレッド。薄切り)… 少量
大豆(ローストしたもの)… 少量
黒酢ドレッシング
　┌ 醤油… 大さじ1
　│ 砂糖… 大さじ2
　│ 黒酢… 大さじ3½
　│ 干しえび入り豆板醤(p.146参照)… 大さじ1
　│ ゴマ油… 大さじ1
　└ ＊すべての材料を混ぜ合わせる。

器に春菊と赤玉ネギを盛り、大豆のローストを散らす。黒酢ドレッシングをまわしかける。

＊野菜は香菜でも、新玉ネギなどでもよい。

豆豉唐辛子（豆豉辣椒）
（ドウチラージャオ）

● 蒸し物にも、炒め物にも使える。
● 冷蔵庫で1週間。

唐辛子に、豆豉の塩気と旨みを合わせた。
唐辛子だけだと日本人には辛すぎるので、パプリカを加えてマイルドにしている。

材料（作りやすい量）
A ┌ 赤パプリカ…1個(150g)
  │ 生唐辛子(*)…4本(20g)
  │ ニンニク（みじん切り）…小さじ1
  │ 生姜（みじん切り）…小さじ1
  └ 豆豉(ドゥチ)(*)…小さじ3
塩…小さじ1/4
サラダ油…大さじ6(*)

*生唐辛子の量は好みで増減するとよい。生がなければ乾燥赤唐辛子を好みの量加える。
*豆豉は、軽く水で洗い、多めのサラダ油で炒めてそのまま浸しておいたもの。
*保存のため、油の量は通常より多くしている。

1　パプリカと生唐辛子は種を取り、粗みじん切りにする（またはフードプロセッサーにかける）。
2　フライパンにサラダ油を熱し1と残りのAを入れて炒め、塩を加える。

◎ 魚の豆豉唐辛子蒸し

材料（2人分）
鯛（切り身）…4切れ
長ネギ（青い部分。包丁の腹でたたく）…1本分
生姜（包丁の腹でたたく）…1/2カケ
塩、コショウ…各少量
紹興酒…小さじ2
豆豉唐辛子（上記参照）…適量

1　鯛に長ネギと生姜を加え、塩、コショウ、紹興酒をまぶして15分おき、下味をつける。
2　皿に1のネギと生姜を敷いて鯛をのせ、豆豉唐辛子をのせる。蒸気の上がったセイロ（蒸し器）に入れて12〜15分蒸す。

井桁良樹

◎ 豚肉の四川田舎炒め

材料（作りやすい量）
豚肉（薄切り）…120g
セロリ（斜め切り）…40g
青ネギ（1cm幅の小口切り）…15g
塩、コショウ、紹興酒、水溶き片栗粉…各適量
サラダ油…適量
豆豉唐辛子（p.148参照）…大さじ2

A ┌ 醤油…小さじ1
　│ 砂糖…小さじ1/2強
　│ 黒酢…小さじ1/4
　│ 鶏ガラスープ…小さじ2
　│ 水溶き片栗粉…小さじ1/2
　└ ＊混ぜ合わせておく。

1 豚肉は一口大に切り、塩、コショウ、紹興酒を加えて和え、水溶き片栗粉を加えて混ぜる。
2 セロリは油通ししておく。
3 鍋にサラダ油を熱し、1の豚肉を入れて炒める。火が通ったら、豆豉唐辛子を入れて炒め合わせる。2のセロリを加え、風味が出たら合わせておいたAを加え、青ネギも加えて仕上げる。

胡麻ペースト（芝麻醤 チーマージャン）

● 坦々麺の汁や、つけだれ、和え物などに。怪味ソースのベースにもなる。 ● 冷蔵庫で2週間程度。

煎った白ゴマで作る、自家製芝麻醤。

材料（作りやすい量）
白ゴマ（煎って挽いたもの）…100g
大豆油…150g
ゴマ油…50g
長ネギ（青い部分）…1/2本分
生姜…1カケ

1　挽いたゴマとゴマ油を、ステンレス製のボウルに入れて混ぜ合わせておく。
2　鍋に大豆油と長ネギ、生姜を入れて火にかけ、250℃ほどの高温になるよう沸かす。ネギと生姜を取り除き、油を1に注いで合わせる。

＊p.133の料理にも使用している。

◎汁あり坦々麺

材料（1人分）
中華麺…130g
鶏ガラスープ…250ml
A ┌ 醤油…25ml
　│ 甜醤油（p.135参照）…小さじ1
　│ ラー油…大さじ1
　│ 黒酢…小さじ1
　│ 胡麻ペースト（上記参照）…30g
　│ 花椒粉 ホワジャオフェン（中国山椒の粉）…少量
　│ ニンニク（みじん切り）…小さじ1/3
　│ 長ネギ（みじん切り）…大さじ1
　│ 芽菜 ヤーツァイ（＊みじん切り。なければ高菜漬けなどで代用）…大さじ1
　└
肉味噌（p.138参照）…25g
チンゲン菜（塩ゆでしたもの）…適量
ピーナッツ（ローストして刻んだもの）、松の実（ローストしたもの）…各適量

＊芽菜：四川省の代表的な漬け物。

1　Aは丼に入れておく。
2　鶏ガラスープを温め、1に注ぐ。
3　中華麺はゆでて水気を切り、2の丼に入れる。チンゲン菜と肉味噌、ピーナッツ、松の実をのせる。

井桁良樹

◎ マッシュなすの怪味(グァイウェイ)ソース

材料(2人分)
長ナス…2本
チコリ…適量
芽ネギ…適量
ピンクペッパー…適量
塩…少量
怪味ソース
A ┌ 豆板醤…小さじ1弱
  │ 生姜(みじん切り)
  │   …小さじ1
  │ ニンニク(みじん切り)
  │   …小さじ1
  └ 干しエビ(戻したもの*・
    みじん切り)…小さじ2
  サラダ油…大さじ1
B ┌ 砂糖…大さじ1½
  │ 醤油…小さじ2
  │ 黒酢…小さじ2
  │ ラー油…小さじ1
  │ 花椒粉(ホワジォオフェン)(中国山椒の粉)
  │   …少量
  │ 胡麻ペースト(p.150参照)
  │   …大さじ3
  └ ゴマ油…小さじ2

＊干しエビは、ぬるま湯に浸けて少しおいた後、蒸して戻す。

1 長ナスは皮をむき、縦半分に切って、軽く塩をする。セイロ(蒸し器)で12分蒸して、包丁でたたいてつぶす。
2 怪味ソース：鍋にサラダ油をひいて熱し、Aを入れて30秒ほど炒め、油が澄んできたらボウルに移す。常温になったらBを加えて混ぜ合わせる。
3 1をチコリの葉にのせて盛り付け、2の怪味ソースをかけ、ピンクペッパーを散らし、芽ネギをのせる。

＊怪味ソース：いろいろな調味料を混ぜ合わせて作る複雑なソースを「怪味」という。淡白な魚料理や蒸し鶏、豆腐などにも合う。冷蔵庫で1週間保存ができる。

補足レシピ

p.24他(古屋)
◎ヴィネグレットソース

材料(作りやすい量)
- A
  - 玉ネギ(皮をむいてざく切り)…250g
  - 白ワインビネガー…200g
  - シェリービネガー…50g
  - マスタード…25g
  - 粒マスタード…20g
  - コショウ…2g
  - 塩…35g
  - ハチミツ…35g
- サラダ油…300g
- クルミ油…250g

1 Aをすべてミキサーに入れ、なめらかになるまでよくまわす。
2 1にサラダ油とクルミ油を入れてまわす。

---

p.29(有馬)
◎ビーツとたこ、大根のサラダ

材料
- ビーツのマリネ(p.29参照)…適量
- ゆでダコ…適量
- 大根…適量
- イタリアンパセリ(粗みじん切り)…少量

1 タコは、縦に食べやすい厚さに切る。大根は皮をむき、ピーラーで縦に薄く切る(軽く塩ゆでしてもよい)。
2 ビーツのマリネに1のタコと大根を加え、30分ほど漬けておく。
3 2のマリネした素材を器に盛り、イタリアンパセリを散らす。

---

p.43(古屋)
◎ラタトゥユのグラタン

材料(1人分)
- ラタトゥユ(p.43参照)…適量
- 卵…1個
- 生ハム…1枚
- パセリ(みじん切り)…少量

グラタン皿にラタトゥユを敷き、卵を割り落とし、生ハムを散らす。180℃のオーブンに入れ、卵が半熟状になるまで熱する。パセリをふる。

---

p.51(有馬)
◎いんげん豆のニョッキ

材料(作りやすい量)
- 白いんげん豆のピューレ(p.51参照)…200g(作り方1のようにして水分を飛ばしたもの)
- 強力粉…大さじ3~4(水分量により調整)
- ニンニク(たたいてみじん切り)…少量
- グリーンピースのピューレ(ゆでたグリーンピースを裏漉したもの)…小さじ2
- パルミジャーノ・レッジャーノ・チーズ(すりおろしたもの)…大さじ3
- 揚げ油(サラダ油)…適量
- ミートソース(p.60参照)…適量
- クリームソース(下記参照。少し煮詰めたもの)、オリーブ油…各適量

1 白インゲン豆のピューレはオーブンで表面が色づいてくるまで温めて、水分を少し飛ばす。
2 1と強力粉、ニンニク、グリーンピースのピューレ、パルミジャーノ・チーズを混ぜ合わせる。強力粉(分量外)を手につけて細長くのばし、食べやすい大きさに切り分ける。
3 2を素揚げして、油を切る。
4 ミートソースを鍋に入れ、クリームソースとオリーブ油を加えて温める。
5 4を皿に敷き、3のニョッキを盛り付ける。

*通常ニョッキはゆでるが、これはゆでると溶けてしまうので、油で揚げる。中がふわふわのまま、まわりがコーティングされる。

---

p.51(有馬)
◎クリームソース

材料(作りやすい量)
- 魚醤(ガルムなど)…大さじ1
- ソテーオニオン(*)またはソフリット(p.60参照)…大さじ4~5
- 日本酒…30ml
- 生クリーム…500ml

1 鍋に魚醤を入れて火にかけて煎る(水分を飛ばす)。ソテーオニオンを加え、日本酒を加えて煮詰める。
2 1に生クリームを加え、1/4量ほどになるまでゆっくり煮詰める。

---

*ソテーオニオン

材料(作りやすい量)
- 玉ネギ(薄切り)…10個分
- 太白ゴマ油…適量(多め)

玉ネギを、たっぷりの油に入れて、素揚げするように熱して火を入れていく。最初は玉ネギから水分が出て泡立っていたものがおさまってきたら火を弱め、茶褐色になるまでゆっくり加熱する。途中玉ネギのかさが減ってオイルが多くなったところで少しオイルを取り除き、中の油を更に外に出すようにしながら、とろとろになるまで炊いていく。

---

p.54(古屋)
◎砂肝のコンフィとポーチドエッグ 赤キャベツのマリネ

材料(1皿分)
- 鶏砂肝のコンフィ(p.54参照)…6個
- 卵…1個
- 赤キャベツのせん切りマリネ(作りやすい量)
  - 赤キャベツ(せん切り)…1/2個分
  - オリーブ油…大さじ2
  - ニンニク(みじん切り)…大さじ1
  - ハチミツ…大さじ1
  - 赤ワインビネガー…大さじ2

1 赤キャベツのせん切りマリネ:鍋にオリーブ油とニンニクを合わせて火にかける。香りが出たらハチミツを入れて香りを移し、赤キャベツを入れて炒める。赤ワインビネガーを入れて、さっと火を通す。冷ましておく(冷蔵庫で保存できる)。
2 卵はポーチドエッグにする。
3 鶏砂肝は、コンフィの油で温める。
4 1の赤キャベツ(冷たいもの)を皿に

敷き、3を盛り、2を添えて粗挽きコショウとフルール・ド・セル（各分量外）をのせ、パセリ（分量外）を散らす。

p.58（有馬）
◎ オニオンドレッシング

材料（作りやすい量）
太白ゴマ油…300ml
マスタード…大さじ3
白ワインビネガー…100ml
エシャロット（刻んで塩でもみ、アク抜きをする）…250g

太白ゴマ油、マスタード、白ワインビネガーを泡立て器で混ぜ合わせ、エシャロットを加えて混ぜる。

p.59（有馬）
◎ きのこのリゾット

材料（作りやすい量）
鶏ときのこの煮込み（p.59参照。鶏肉の骨ははずしておく）…100g
米…1合
無塩バター…小さじ1
玉ネギ（みじん切り）…小さじ2
日本酒…大さじ2
ガルム（魚醤）…少量
パルミジャーノ・レッジャーノ・チーズ
　…適量
E.V.オリーブ油…適量
イタリアンパセリ（粗みじん切り）
　…少量

1　鍋にバターを溶かし、米を入れて炒める。玉ネギ、日本酒、ガルムを加えて炒め合わせる。
2　1に鶏ときのこの煮込みを煮汁ごと加え、ゆっくり炊いてリゾットにする。
3　米に火が通ったら、すりおろしたパルミジャーノ・チーズとオリーブ油、イタリアンパセリを加えて和え、器に盛る。

p.65（古屋）
◎ グジェール

材料（作りやすい量）
A ┌ 水…200ml
　├ 牛乳…133ml
　└ 無塩バター…100g
B ┌ 塩…10g
　├ ナツメグ…少量
　├ パプリカパウダー…2g
　└ 薄力粉…200g
卵…300g
パルミジャーノ・レッジャーノ・チーズ
　（すりおろし）…80g
グリュイエール・チーズ（すりおろし）
　…20g

1　Aを鍋に合わせて火にかける。沸いてきたら火を止め、合わせてふるっておいたBを入れて混ぜ、再び弱火にかけて粉気がなくなるまで炒める。
2　1をミキサーボウルに移し、溶いた卵を少しずつ加えながらミキサーをまわして（卵1個分につき100回ほど）練る。最後にパルミジャーノ・チーズとグリュイエール・チーズを加えて練り上げる。
3　2を絞り袋に入れてオーブンシートを敷いた天板に小さめに絞り出し、160℃のオーブンで15分焼く。

p.66（有馬）
◎ トウモロコシドレッシング

材料（作りやすい量）
オニオンドレッシング（左記参照）
　…100ml
トウモロコシ（水煮をすりつぶしたもの*）
　…大さじ1

*生のトウモロコシを使う場合は、1％の塩湯でゆでて粒をはずし、すりつぶしたものを使用する。

オニオンドレッシングに、すりつぶしたトウモロコシを加えて混ぜ合わせる。

p.68（有馬）
◎ 甘辛さんまの卵とじ

材料
さんまの甘辛煮（p.68参照）…適量
卵…適量
赤玉ネギ（細切り）…適量
長ネギ（白い部分を白髪ネギに）…適量
大葉（粗みじん切り）…適量

1　鍋に適量の水と赤玉ネギ、ざく切りにしたさんまの甘辛煮を入れ、甘辛煮の煮汁を加えて火にかける。
2　煮立ったら溶き卵をまわし入れて蓋をし、5秒おいて鍋を軽くふる。
3　器に盛り、たっぷりの白髪ネギをのせ、大葉を散らす。

＊ご飯のおかずにも、おつまみにもなる一品。白髪ネギはたっぷりのせたほうがおいしい。

p.75（有馬）
◎ 干しえびとちりめんじゃこのフリッタータ

材料（作りやすい量）
卵…1個
A ┌ 小麦粉…大さじ1½
　├ パルミジャーノ・レッジャーノ・チーズ
　│　（すりおろしたもの）…大さじ1/2
　├ 干しえびとちりめんじゃこ
　│　（p.75参照）…適量
　├ エシャロット（玉ネギや長ネギでも
　│　よい。みじん切り）…大さじ1
　├ イタリアンパセリ（粗みじん切り）
　│　…適量
　├ 枝豆（ゆでてサヤから出し、薄皮をむ
　│　いたもの）…適量
　└ 塩…少量
オリーブ油…適量
B ┌ エシャロット（みじん切り）、イタリアン
　│　パセリ（みじん切り）、コルニッショ
　└　ン（みじん切り）、オリーブ油、塩
　　　…各適量

1　卵を溶きほぐし、Aの材料を加えて混ぜる。
2　フライパンに多めのオリーブ油を熱し、1の生地を適量入れて焼く。
3　両面ともこんがり焼いたら器に盛り、Bを合わせたものを添える。

＊すりおろした山イモを加えてもよい。

p.79（関口）
◎大根の粕漬けと、大根の粕漬けのわさび漬け和え

材料
蒸し大根（p.78参照）、酒粕、味噌（好みのもの）、米麹（＊または市販の甘酒）、わさび漬け（市販品）…各適量

＊米麹：米麹に50～60℃の湯を加え、7時間保温したもの。

1　大根の粕漬け：酒粕に3割程度の味噌を加え、米麹で味を調える。
2　蒸し大根の厚みを半分に切ってガーゼで挟み、1に2日以上漬ける。
3　大根の粕漬けのわさび漬け和え：2の大根の粕漬けを適量小角切りにし、市販のわさび漬けで和える。
4　2の粕漬けをイチョウ切りにし、3のわさび漬け和えとともに盛り合わせる。

＊粕漬けにすると、長期保存が可能。
＊わさび漬けの代わりにカラシで和えてもよい。

---

p.79（関口）
◎ふろふき大根

材料
蒸し大根（p.78参照）、焼いた昆布（p.98参照）、酒…各適量
田楽味噌（作りやすい量）
　白味噌…200g
　煮切りみりん…45ml
　煮切り酒…30ml
　卵黄（さらしで絞って漉す）…1個分
　＊鍋に味噌、みりん、酒を入れて混ぜ合わせて練り、弱火にかけて、漉した卵黄を加えて仕上げる。

1　水に1割の酒を加え、食べやすいように十字に切り目を入れた蒸し大根と、焼いた昆布を入れて弱火で加熱する。
2　15分ほど煮て昆布がやわらかくなったら昆布だけ取り出し、更に15分煮含める。
3　田楽味噌を練り合わせた鍋を火にかけて温め、2の煮汁を少しずつ加え、好みで砂糖を小さじ1～3（分量外）加えて、ポタリと落ちるぐらいの固さにする。

4　2の大根と昆布を器に盛り、3の田楽味噌をかける。

＊田楽味噌は好みで柚子味噌、胡麻味噌などに替えてもよい。
＊田楽味噌は他にぬた、焼いた田楽などにも使える。

---

p.81（関口）
◎味噌ラタトゥユ

材料（作りやすい量）
焼きパプリカ（p.82参照）…2個
ローストトマト（p.80参照）…20個
ズッキーニ…1本
ナス…1本
玉ネギ…1/2個
オリーブ油（または太白ゴマ油）…適量
タカノツメ…少量
もろみ味噌…適量
塩…適量
揚げ油（サラダ油）…適量

1　焼きパプリカは一口大に切る。ローストトマトは皮をむく。ズッキーニ、ナス、玉ネギは一口大の乱切りにし、素揚げしておく。
2　大きめの鍋にタカノツメと多めのオリーブ油を入れて火にかけ、1の材料を入れて塩をし、ごく弱火でときどき混ぜながら加熱する。
3　火が入ってなじんだら、仕上げにもろみ味噌を加えて味を調える。

---

p.81（関口）
◎平子鰯の塩焼き

材料
ヒラゴイワシ（＊）、ローストトマト（p.80参照）、大根おろし、いぶりがっこ、すだち、塩、小麦粉、揚げ油（サラダ油）、合わせ酢（p.120参照）、薄口醤油…各適量

＊ヒラゴイワシ＝真イワシ。

1　ヒラゴイワシは頭、尾、内臓、ウロコを取って水洗いし、水気を取り、塩をふって焼く。
2　1の頭側の切り口から骨抜きで中骨を抜き、中骨は小麦粉をつけて揚げておく。

3　大根おろしに刻んだいぶりがっこ、皮をむいたローストトマトを混ぜ、合わせ酢と薄口醤油で味を調える。
4　1と2を器に盛り合わせ、3とすだちを添える。

---

p.82（関口）
◎パプリカ握り寿司

材料
酢飯（炊いたご飯に寿司酢＊を混ぜ合わせる）…適量
焼きパプリカ（p.82参照）…適量
焼いた昆布（p.98参照）…適量
煮切り醤油（p.118参照）…適量
甘酢（p.120参照）…適量
わさび（すりおろし）…少量

1　焼いた昆布は、煮切り醤油に一晩以上漬けておく。
2　焼きパプリカは、表面に鹿の子に包丁目を入れ、甘酢に30分ほど漬けた後、水分をよく取り除いておく。
3　1の昆布の汁気を取って細かく刻み、酢飯に少量混ぜ合わせる。
4　3と2を、おろしわさびを挟んで握り寿司にし、仕上げに煮切り醤油をひと刷毛塗る（またはオリーブ油をひと刷毛塗り、焼き昆布塩（p.156参照）を添えてもよい）。器に盛り、キュウリとワカメのあしらいを添える。

あしらい

薄い小口切りにしたキュウリを塩水に浸けた後絞り、ワカメ（塩蔵を戻したもの）と合わせ、合わせ酢（p.120参照）と八分ずりの胡麻（p.128参照）で和える。

＊寿司酢（作りやすい量）：酢360ml、塩90g、砂糖100g、昆布10cm角1枚をボウルに合わせ、湯煎にかけて加熱する。

---

p.89（関口）
◎くらげ、きゅうり、椎茸の白酢和え

材料
塩クラゲ…適量
　合わせ酢（p.120参照）3：甘酢（p.120参照）1：だし汁2の割合で合わせる。

キュウリ… 適量
炊いた干し椎茸(p.89参照)… 適量
酢、塩、合わせ酢(p.120参照)… 各適量
白酢和え衣(作りやすい量)
- 水切り豆腐(p.94参照)… 1丁分
- すり白ゴマ… 20g
- 砂糖… 20g
- 酢… 20ml
- 薄口醤油… 5ml
- 塩… 少量
  *すべての材料をすり鉢に合わせてすり混ぜる。

1 塩クラゲは水に浸けて塩抜きした後、60℃ほどの湯にさっとくぐらせ、酢で洗い、Aの地に漬ける。
2 キュウリは縦4等分に切って種の部分を包丁で取り、斜め薄切りにし、2.5%の塩水に浸ける。水気を切り、合わせ酢で洗って絞る。
3 炊いた干し椎茸は、キュウリの長さに揃えて刻む。
4 白酢和え衣に、水気を取った1、2、3を入れて和える。

---

p.94 (関口)
◎ 柿と野菜の白和え

材料(作りやすい量)
白和え衣
- 水切り豆腐(p.94参照)… 1丁分
- すり白ゴマ… 10g
- 砂糖… 10g
- 薄口醤油… 3ml
- 西京味噌… 15g
- 酒… 5ml
- 塩… 少量
- 酢… 3滴

小松菜… 適量
柿… 1/2個
焼いた原木椎茸(p.90参照)… 2枚
水切り豆腐(p.94参照)… 適量
A
- だし汁… 150ml
- 酒… 30ml
- 薄口醤油… 10ml
- 塩… 少量

塩、揚げ油(サラダ油)… 各適量

1 白和え衣:水切り豆腐を裏漉し、他のすべての材料と合わせてすり混ぜる。
2 小松菜は色よくゆでて水気を切り、Aを合わせた地に浸けた後、食べやすい長さに切る。
3 柿は皮をむいて角切りにし、塩水でさっと洗う。
4 焼いた原木椎茸は、柿と同じくらいに切る。
5 水切り豆腐を柿と同じくらいの大きさに切って油で揚げ、Aと同じ地(分量外)で炊いておく。
6 2、3、4、5の水分を取り、1で白和えにする。

---

p.95 (関口)
◎ 豆腐の味噌漬け

材料(作りやすい量)
水切り豆腐(p.94参照)… 1½丁分
味噌床(作りやすい量)
- 白荒味噌… 360g
- 田舎味噌… 40g
- 煮切りみりん… 80mlほど(田舎味噌の塩分による)

1 味噌床:白荒味噌と田舎味噌を混ぜ合わせ、味を確認しながら煮切りみりんを加えて合わせる。
2 豆腐が1段で収まる容器に、1とガーゼに挟んだ水切り豆腐を入れ、3日以上漬ける。

*容器に1の味噌を敷き込み、ガーゼに挟んだ豆腐を入れて上にも味噌を敷き、上下で挟むようにして漬ける。

---

p.95 (関口)
◎ 大根、小松菜、揚げ豆腐の炊き合わせ

材料
蒸し大根(p.78参照)… 適量
水切り豆腐(p.94参照)… 適量
小松菜… 適量
揚げ油(サラダ油)… 適量
黄柚子皮(細切り)… 少量
A
- だし汁18:酒1:薄口醤油1:みりん1の割合で合わせた地… 適量
- 干した大根の皮(蒸し大根を作る際に出たもの)… 適量

1 水切り豆腐を高温(190℃)に熱した油で揚げて、油を切る。沸騰湯に数秒入れて、油抜きする。
2 鍋にAと蒸し大根、1の揚げ豆腐を入れて火にかけ、じっくり煮含める。
3 提供時に、色よくゆでて切った小松菜を2に入れて温め、器に盛り、天に柚子皮をのせる。

---

p.96 (関口)
◎ 凍り豆腐2種と焼き椎茸、焼き昆布の炊き合わせ

材料
凍らせ豆腐(p.96参照)、一夜豆腐(*)、焼いた原木椎茸(p.90参照)、焼いた昆布(p.98参照)… 各適量
合わせ調味料
- 水(またはだし汁)17:酒1:薄口醤油1:みりん1の割合で合わせ、砂糖を少量加える。

*一夜豆腐:水切り豆腐(p.94参照)を冷凍庫に移し、6時間以上冷凍したものをこう呼んでいる。p.96同様に解凍して使用する。解凍すると高野豆腐に近い食感になる。

1 凍らせ豆腐と一夜豆腐は解凍後、水から入れてざっと沸かし、水気を絞る。
2 合わせ調味料と1の豆腐、焼いた原木椎茸、焼いた昆布を鍋に合わせて火にかけ、弱火で煮含める。昆布はやわらかくなったら途中で取り出しておく。

*昆布は焼いてあるので早く(15分ほどで)やわらかくなる。長い時間煮ると、咔がくどくなるので注意する。

---

p.97 (関口)
◎ レンコンの甘酢漬け

レンコンの皮をむいて輪切りにし、酢水でゆでてザルに上げ、塩をふる。タカノツメ(輪切りにして水に浸け、辛みを抜いたもの)を加えた甘酢(p.120参照)に漬ける。

p.97(関口)
◎野菜のなます

1 大根とニンジンを短冊に切り、2.5％の塩水に1時間ほど浸けておいた後絞り、甘酢(p.120参照)に二度漬け(一度漬けてから、軽く野菜を絞って薄まった甘酢を捨て、もう一度漬ける)にする。キュウリは縦に薄切りにし、食べやすい長さに切って2.5％の塩水に30分浸けて絞った後、合わせ酢(p.120参照)に30分漬けて絞る。
2 焼いた原木椎茸(p.90参照)は薄切りにし、合わせ酢(p.120参照)に15分漬けて絞る。
3 1と2を合わせる。

---

p.98(関口)
◎いかの細造り

材料
イカ(刺身用おろし身)…適量
水切り豆腐(p.94参照)…適量
梅酢…適量
焼いた昆布(p.98参照)…適量
煮切り醤油(p.118参照)…適量
塩…適量
すだち…適量

1 水切り豆腐をペーパータオルで巻き、ペーパータオルに梅酢を染み込ませる。これをラップフィルムで巻き、冷蔵庫に2日以上おく。
2 焼いた昆布を、煮切り醤油に2日以上漬けておく。
3 別の焼いた昆布を、サラシに包むかビニール袋に入れてたたいて砕いた後、すり鉢に入れてすり、塩を混ぜ合わせて焼き昆布塩とする(昆布1:塩5ほどの割合)。
4 イカを細造りにする。
5 4と小さめに切った1の豆腐、細切りにした2の昆布、切ったすだちを器に盛り合わせ、3の焼き昆布塩を添える。
＊イカの代わりに白身の魚を使ってもよい。

---

p.100(関口)【参考】
◎魚の蕎麦の実蒸し

材料(5人分)
白身魚(切り身＊)…20g×5切れ
蒸し蕎麦の実(p.100参照)…120g
大和イモ(すりおろし)…30g
蕎麦粉(あれば。または片栗粉)
　…大さじ1½
薄口醤油…80ml
A ┌ だし汁…225ml
　├ 濃口醤油…15ml
　└ みりん…10ml
水溶き片栗粉…小さじ1
わさび(すりおろし。またはおろし生姜)
　…少量
青菜(塩ゆでしたもの)、海苔…各適量
＊魚は市販のウナギの蒲焼きなどを使用してもよい。

1 白身魚はひと塩(分量外)し、20gのものをそれぞれ半分に切り分けて、霜降りしておく。
2 蒸し蕎麦の実をボウルに入れ、蕎麦粉(または片栗粉)をまぶし、すりおろした大和イモを加えて混ぜ、薄口醤油を加えて混ぜる。
3 1をクッキングシートにのせて、穴開きバットにのせ、2をかぶせ、蒸気の上がった蒸し器に入れて10分ほど蒸す。
4 Aを鍋に合わせて熱し、水溶き片栗粉でとろみをつける。
5 蒸し上がった3を器に盛り(1人分2切れ)、熱々の4のあんをかけ、おろしわさび(またはおろし生姜)をのせ、青菜、海苔などを添える。

---

p.104(関口)
◎鯛汁かけ飯

材料
かけ汁
　┌ 焼いた鯛の骨(p.104で身を
　│　はずした後のもの)…適量
　└ だし汁、酒、塩、薄口醤油
　　　…各適量
海苔、ミツバ、長ネギ(白い部分)、
　キクラゲ、錦紙玉子(p.116参照)
　…各適量
A ┌ だし汁…200ml
　└ 薄口醤油…30ml
ご飯…適量
八分ずりの胡麻(p.128参照)…適量
鯛のアラのほぐし身(p.104参照)
　…適量
わさび(すりおろし)…少量

1 焼いた鯛の骨をだしに加えて熱し、酒、塩、薄口醤油で味を調えてかけ汁を用意する。
2 海苔は手でちぎり、ミツバは刻む。長ネギ(白い部分)は斜め薄切り(または縦細切り)にして水にさらす。キクラゲは適宜に刻み、Aを合わせた地で炊いておく。錦紙玉子は細切りにする。
3 器にご飯をよそい、八分ずりの胡麻をふり、鯛のアラのほぐし身と2の具をのせて、天におろしわさびを添え、温かい1の汁をかける。

---

p.115(関口)
◎じゃがいもと鶏挽き肉のコロッケ

材料
じゃがいも鶏そぼろ(p.114参照)
　…適量
小麦粉、卵、パン粉…各適量
揚げ油(サラダ油)…適量
付け合わせ
　┌ ルコラ、ローストトマト(p.80参照)
　│　…各適量
　└ オリーブ油、合わせ酢(p.120参
　　　照)、塩、コショウ…各適量

1 じゃがいも鶏そぼろを適当な大きさの小判形にまとめる。
2 1に小麦粉、溶き卵、パン粉の順に2度づけし、油で揚げる。油を切る。
3 オリーブ油1:合わせ酢5の割合で混ぜ、ルコラとローストトマトを和える。味を見て、塩、コショウで味を調える。
4 器にコロッケを盛り、3を添える。

p.115（関口）
◎ 冷やし五目素麺

材料
素麺…適量
鶏挽き肉の時雨煮(p.114参照)、炊いた干し椎茸(p.89参照)、錦紙玉子(p.116参照)、みょうが、キヌサヤ、生姜…各適量
八分ずりの胡麻(p.128参照)、だし汁、煮切り醤油(p.118参照)、合わせ酢(p.120参照)、甘酢(p.120参照)、塩…各適量

1 炊いた干し椎茸は薄切りにし、錦紙玉子は細切りにする。
2 みょうがは縦半分に切り、さっとゆでてザルに広げ、ふり塩をした後甘酢に3時間以上漬け込んだものを、薄切りにする。
3 キヌサヤは筋を取り、細切りにして色よくゆで、ザルに上げてふり塩をし、あおいで冷ます。
4 生姜は皮をむいて繊維に添って極細切りにし、水にさらす（針生姜）。
5 素麺をゆでて水でよく洗い、水気を切って、八分ずりの胡麻を加えて混ぜて、器に盛る。上に鶏挽き肉の時雨煮、1、2、3の材料を彩りよく盛り付け、4の針生姜をのせる。
6 だし汁3〜4：煮切り醤油1：合わせ酢1：甘酢1の割合で合わせた冷たい汁を、5にかける。

p.120（関口）
◎ もずく酢

材料
糸もずく…適量
酢…適量
合わせ酢(p.120参照)、甘酢(p.120参照)、だし汁…各適量
生姜（針生姜）…適量

1 糸もずくをよく水で洗い、ザルにあけて水気を切り、酢で洗い、再びザルにあける。
2 合わせ酢3：甘酢1：だし汁2の割合で合わせて針生姜を加える。
3 2に1を入れてよく混ぜる。

p.121（吉岡）
◎ いかとわかめの酢の物

材料
イカ（むき身）、ワカメ（生。または塩蔵を水に浸けて戻したもの）、ツルムラサキ、大根おろし、生姜酢(p.121参照)、すだち（輪切り）…各適量

1 イカは表面に斜めの切り込みを入れて、軽くあぶり、食べやすい大きさに切る。ワカメは食べやすく切る。ツルムラサキはゆでて水気を絞る。大根おろしは軽く水気を絞る。
2 器に1を盛り合わせて生姜酢をかけ、すだちを添える。

p.136（井桁）
◎ スパイシースペアリブ

材料（2人分）
スペアリブの香料煮(p.136参照)
　…150g
長ネギ（みじん切り）…大さじ3
青唐辛子（小角切り）…小さじ1
赤唐辛子（小角切り）…小さじ1
揚げ油（サラダ油）、サラダ油、片栗粉
　…各適量
スパイス塩（作りやすい量）
┌ 塩…大さじ1
│ グラニュー糖…大さじ1/2
│ 黒コショウ…少量
│ 花椒粉（中国山椒の粉）…少量
│ 刀工辣椒（*）…少量
│ 五香粉…少量
└ クミンパウダー…大さじ1/2
　＊混ぜ合わせる。

＊刀工辣椒：唐辛子の種を除き、鍋で赤黒くなるまで炒めて香ばしく香りをつけ、みじん切りにしたもの。

1 スペアリブの香料煮は、骨付きのまま食べやすい大きさにたたき切り、片栗粉をつける。
2 深めのフライパンや中華鍋に揚げ油を入れて180℃ほどの高温に熱し、1の肉をひとつずつ入れる。衣全体が固まったら、取り出して油を切る。
4 3の油をあけ、新たに大さじ1のサラダ油を入れ、長ネギ、青唐辛子、赤唐辛子を入れて炒める。香りが出たら2のスペアリブを入れ、大さじ1のスパイス塩を加えて炒め合わせる。

p.138（井桁）
◎ 麻婆豆腐

材料（作りやすい量）
木綿豆腐…1丁
肉味噌(p.138参照)…40g
葉ニンニク…40g
サラダ油…適量
A ┌ 豆板醤…大さじ1
　│ 一味唐辛子…小さじ1/2
　│ 豆豉（ドウチ）…小さじ2
　└ ニンニク（みじん切り）…小さじ1/2
B ┌ 醤油…小さじ1/4
　│ 塩…少量
　│ 紹興酒…小さじ1
　└ 鶏ガラスープ…160ml
C ┌ 花椒油（ホワジャオユ）（*）…大さじ1
　│ 刀工辣椒（左記参照）…適量
　└ 花椒粉（ホワジャオフェン）（中国山椒の粉）…適量
水溶き片栗粉（片栗粉1：水1）
　…小さじ2

＊花椒油：サラダ油に花椒（中国山椒）を入れてゆっくり加熱し、香りを移した油。

1 葉ニンニクは1cm幅ほどのそぎ切りにする。
2 豆腐は1.5cm角に切る。
3 鍋に湯を沸かし、塩2つまみ（分量外）を入れて、2の豆腐をゆでる。ザルに取り出しておく。
4 別鍋にサラダ油とAを入れて香りが出るまで炒め、肉味噌と3の豆腐、1の葉ニンニクを入れ、Bを加えて弱火で1分ほど煮る。
5 水溶き片栗粉でとろみをつけ、Cを加えて香りをつける。

補足レシピ

シェフの紹介

古屋壮一（ふるや そういち）

1975年、東京生まれ。調理師学校卒業後、新宿の京王プラザホテルや広尾「アラジン」、八王子「モンモランシー」などを経て、26歳で渡仏。パリの「ル・クロ・ド・グルメ」「ルカ・カルトン」、コレット地方の「オテル・ドゥ・ラ・トゥール」などで修業をする。帰国後「ビストロ・ド・ラ・シテ」（東京・西麻布）のシェフを5年務め、2009年11月、白金台に「ルカンケ」をオープン。クラシカルなフランス料理の技法、エスプリを取り入れながらも、現代の形、味、料理を作り上げている。

REQUINQUER（ルカンケ）
東京都港区白金台5-17-11
TEL：03-5422-8099

有馬邦明（ありま くにあき）

1972年、大阪府生まれ。調理師学校卒業後、1996年に渡伊。ロンバルディアやトスカーナで2年間修業を積む。帰国後、東京や千葉のイタリア料理店でシェフを務め、2002年東京・門前仲町に「パッソ ア パッソ」をオープン。人情味あふれる下町を愛し、町内会の神輿も担ぐ。旬の食材を求めて全国を駆け回り、生産者の思いを聞く。また、米作りには自らも携わる。素材にとことんこだわり、季節の味を最大限に活かす料理が人気を集める。

パッソ ア パッソ
東京都江東区深川2-6-1　アワーズビル1F
TEL：03-5245-8645

吉岡英尋（よしおか ひでひろ）

1971年、東京都生まれ。料理学校卒業後、静岡・東伊豆の「つるやホテル」に入社。その後、神奈川・鎌倉の懐石料理「山椒洞」、東京・新宿の日本料理「蝦夷御殿」、銀座のふぐ料理「山田屋」といった、異なる業態の店で修業を重ね、2000年東京・恵比寿に「なすび亭」を開店する。2012年、旧店舗から20mほどの場所に移転し、30席に増床。

＊2015年、地区の再開発事業によるマンション建設のため移転することとなり、現在（2016年1月）、新店舗の準備中（仮店舗で営業中　http://www.nasubitei.com）。

関口 隆（せきぐち たかし）

1959年生まれ。東京・吉祥寺で和食店「きんとき庵」を13年間営み、2007年に東京・三鷹に移転。店名を「和食 きんとき」とする。12坪、16席という規模ながら、丁寧な仕事でランチ、夜ともお値打ちなコース料理を提供する、地元に愛される人気店。季節替わりのお弁当の注文も、月に60〜80個ほど受ける。サービスを担当する奥様と二人三脚で、無理はしないが手を抜かず、自分たちのできることで価値をつける、という姿勢で店を営む。

和食 きんとき
東京都武蔵野市中町1-23-13
TEL：0422-54-5580

井桁良樹（いげた よしき）

1971年、千葉県生まれ。調理師学校卒業後、千葉県柏市の「知味斎」などで修業した後、本場の四川料理を学ぶべく中国へ。上海と四川省で計2年半修業を積み、2005年4月に東京・代々木上原に「老四川 飄香」をオープン。2010年9月に銀座に2号店を出店。2012年12月、代々木上原の本店を麻布十番に移転。多様な四川料理を本場の味で提供する。やさしい語り口がテレビでも人気。

中国菜 老四川 飄香（ピャオシャン）
東京都港区麻布十番1-3-8 FプラザB1
TEL 03-6426-5664

プロも使える
作っておける料理のもと
── 和・洋・中の料理人が作る、簡単で便利な作りおき107＋活用料理131品 ──

初版印刷　2016年2月10日
初版発行　2016年2月25日

編者©　　柴田書店

発行者　土肥大介
発行所　株式会社 柴田書店
　　　　東京都文京区湯島3-26-9 イヤサカビル　〒113-8477
　　　　電話　営業部　03-5816-8282（注文・問合せ）
　　　　　　　書籍編集部　03-5816-8260
　　　　URL　http://www.shibatashoten.co.jp

印刷・製本　図書印刷株式会社

本書掲載内容の無断掲載・複写（コピー）・引用・データ配信等の行為は固く禁じます。
乱丁・落丁本はお取替えいたします。

ISBN 978-4-388-06227-0
Printed in Japan